© John Mazlish

© John Mazlish

Adele Faber y Elaine Mazlish son reconocidas a nivel internacional como expertas en comunicación entre adultos y niños. Ambas dan conferencias a nivel nacional y miles de grupos participan en sus talleres para mejorar la comunicación entre padres e hijos. Su libro *Cómo Hablar para que los Niños Escuchen y Cómo Escuchar para que los Niños Hablen* ha vendido más de 3 millones de ejemplares y ha sido traducido a más de veinte idiomas. Se han ganado tanto la gratitud de los padres como el fuerte apoyo de la comunidad profesional. Ambas autoras estudiaron con el difunto psicólogo Dr. Haim Ginott, y son miembros de la facultad de New School for Social Research en la ciudad de Nueva York, y del Family Life Institute de Long Island University. Se han presentado en varios programas de televisión como *Good Morning America* y *The Oprah Winfrey Show.* Actualmente viven en Long Island, Nueva York, y cada una es madre de tres hijos.

Cómo Hablar para que los Adolescentes Escuchen

y Cómo Escuchar para que los Adolescentes Hablen

OTRAS OBRAS POR ADELE FABER Y ELAINE MAZLISH

Cómo Hablar para que los Niños Escuchen y
Cómo Escuchar para que los Niños Hablen

Ilustraciones por Kimberly Ann Coe

Traducido del inglés por Rosana Elizalde

Una rama de HarperCollins*Publishers*

Cómo Hablar para que los Adolescentes Escuchen

y Cómo Escuchar para que los Adolescentes Hablen

Adele Faber y
Elaine Mazlish

Este libro fue publicado originalmente en inglés en el 2005 en los Estados Unidos por HarperCollins Publishers.

ISBN-10: 0-06-084129-X ISBN-13: 978-0-06-084129-4

Como padres, nuestra necesidad es ser necesitados; como adolescentes,
su necesidad es no necesitarnos. Este conflicto es real;
lo vivimos a diario mientras ayudamos a aquellos que amamos
a independizarse de nosotros.

—DR. HAIM G. GINOTT,
Between Parent and Teenager
(THE MACMILLAN COMPANY, 1969)

Nos Gustaría Agradecer . . .

A nuestras familias y amigos, por su paciencia y comprensión durante el largo proceso de escritura y por ser lo suficientemente agradables como para no preguntar, "Entonces, ¿cuándo exactamente piensan que terminarán?"

A los padres que participan en nuestros talleres, por estar dispuestos a probar nuevas formas de comunicación con sus familias y por contar sus experiencias al grupo. Las historias que compartieron fueron una inspiración para nosotras y para el resto de los padres.

A los adolescentes con quienes trabajamos, por todo lo que nos dijeron sobre sí mismos y sobre su mundo. Sus comentarios honestos nos posibilitaron una valiosa comprensión de sus preocupaciones.

A Kimberley Ann Coe, nuestra admirable artista, por transformar nuestras figuras de palotes y las palabras que pusimos en sus bocas en un elenco maravillosamente variado de personajes que dieron vida a las palabras.

A Bob Markel nuestro agente literario y querido amigo, por su entusiasmo en nuestro proyecto desde el comienzo y por su apoyo constante mientras trabajábamos duro en las interminables reescrituras que dieron forma a este libro.

A Jennifer Brehl, nuestra editora. Como la "madre perfecta," creyó en nosotras, apoyó lo mejor de nosotras, y respetuosamente señaló aquello en lo que podíamos hacer de lo "bueno" algo aun mejor. Tenía razón todas las veces.

Al doctor Haim Ginott, nuestro mentor. El mundo ha cambiado dramáticamente desde su fallecimiento, pero su convicción de que "para alcanzar objetivos humanos necesitamos métodos humanos" será siempre verdadera.

Contenido

Cómo Surgió Este Libro

La necesidad existía, pero por un largo tiempo no la vimos. Después empezaron a llegar cartas como éstas:

Queridas Adele y Elaine,

¡Auxilio! Cuando mis hijos eran chicos, Cómo hablar... *era mi Biblia. Pero ahora tienen once y catorce años, y tengo que enfrentarme con un nuevo conjunto de problemas. ¿Han pensado en escribir un libro para padres de adolescentes?*

Poco después hubo una llamada telefónica:

"Nuestra asociación cívica está planeando su Conferencia Anual del Día de la Familia y estábamos deseando que ustedes quisieran dar el discurso de apertura sobre cómo manejarse con adolescentes."

Dudamos. Nunca antes habíamos presentado un programa que tuviese su foco exclusivamente en los adolescentes. Y aun así la idea nos seducía. ¿Por qué no? Podíamos dar una visión general de los principios básicos de la comunicación efectiva, sólo que esta vez usaríamos ejemplos con adolescentes y demostraríamos las habilidades haciendo un juego de roles entre nosotras.

Siempre es un desafío presentar material nuevo. Nunca puedes estar seguro si el público se conectará con él. Pero sucedió. La gente escuchó atentamente y respondió con entusiasmo. Durante el período de preguntas y respuestas nos interrogaron acerca de todo, desde horarios para llegar a casa y pandillas hasta respuestas insolentes y penitencias. Cuando todo finalizó, fuimos rodeadas por un pequeño grupo de padres que querían hablar en privado con nosotras.

"Soy madre soltera, y mi hijo de trece años ha empezado a salir por ahí con algunos de los peores chicos de su escuela. Andan en drogas y quién sabe en qué más. Yo le insisto que no esté con ellos pero él no me escucha. Siento que estoy peleando una batalla perdida. ¿Cómo puedo comunicarme con él?"

"Estoy tan perturbada. Vi un e-mail que mi hija de once años recibió de un chico de su clase: 'Quiero tener sexo contigo. Quiero poner mi chiquito en tu cha-cha.' No sé qué hacer. ¿Debería llamar a sus padres? ¿Debería informar en la escuela? ¿Qué debería decirle a ella?"

"He descubierto que mi hija de doce años está fumando marihuana. ¿Cómo me enfrento con ella?"

"Estoy mortalmente asustada. Estaba limpiando la habitación de mi hijo y encontré un poema que había escrito sobre el suicidio. Le va bien en la escuela. Tiene amigos. No parece infeliz. Pero tal vez haya algo que yo no estoy viendo. ¿Le debería decir que encontré su poema?"

"Mi hija ha pasado mucho tiempo en Internet últimamente conectada con este chico de dieciséis años. Al menos él dice que tiene dieci-

séis, pero, ¿quién sabe? Ahora él quiere encontrarse con ella, pienso que yo debería ir con ella. ¿Qué piensan ustedes?"

En el camino a casa hablamos sin parar: ¡Mira con lo que estos padres se enfrentan!...¡En qué mundo diferente vivimos hoy en día!...¿Pero han cambiado realmente tanto los tiempos? ¿No nos preocupábamos nosotros y nuestros amigos acerca de las drogas y el sexo y de la presión de los pares y, sí, aun del suicidio, cuando nuestros hijos estaban atravesando su adolescencia? Pero de algún modo lo que habíamos oído esa noche parecía peor, más atemorizante. Había aun más acerca de qué preocuparse. Y los problemas estaban empezando antes. Tal vez porque la pubertad estaba empezando antes.

Unos días más tarde hubo otro llamado telefónico, esta vez de la directora de una escuela:

"Actualmente estamos ofreciendo un programa experimental para un grupo de estudiantes de la escuela media y la escuela secundaria. Les hemos dado una copia de Cómo hablar de modo que los chicos escuchen... *a cada padre del programa. Dado que su libro ha sido tan útil, nos preguntábamos si a ustedes les gustaría encontrarse con los padres y dirigir algunos talleres para ellos."*

Le dijimos a la directora que lo pensaríamos y nos pondríamos en contacto con ella.

Durante los próximos días rememoramos entre nosotras cosas sobre los adolescentes que alguna vez conocimos mejor—los nuestros. Volvimos al pasado y evocamos recuerdos de los años adolescentes de nuestros hijos que habíamos clausurado un largo tiempo atrás—los momentos oscuros, los momentos brillantes, y los momentos en que habíamos contenido la respiración. Poco a poco, reingresamos al terreno emocional de los años pasados y volvimos a experimentar las mismas ansiedades. Una vez más reflexionamos qué hace esa etapa de la vida tan difícil.

No era que no hubiésemos sido advertidas. Desde el momento en que nuestros hijos habían nacido oímos, "Disfrútenlos ahora mientras que son chicos" . . . "Hijos chicos, problemas chicos; hijos grandes, problemas grandes." Una y otra vez se nos dijo que un día este dulce niño nuestro se convertiría en un extraño huraño que criticaría nuestros gustos, desafiaría nuestras reglas y rechazaría nuestros valores.

De modo que aunque estuviésemos de algún modo preparadas para los cambios en la conducta de nuestros hijos, nadie nos preparó para nuestros sentimientos de pérdida.

Pérdida de la vieja, cercana relación. *(¿Quién es esta persona hostil que vive en mi casa?)*

Pérdida de confianza. *(¿Por qué está actuando de este modo? ¿Es algo que he hecho . . . o que no he hecho?)*

Pérdida de la satisfacción de ser necesitada. *("No, no tienes que venir. Mis amigas irán conmigo.")*

Pérdida de la percepción de nosotras mismas como protectoras todopoderosas que pueden mantener alejados a nuestros hijos de todo peligro. *(Ya es más de medianoche. ¿Dónde está? ¿Qué está haciendo? ¿Por qué no llegó a casa todavía?)*

Y aun más grande que nuestro sentimiento de pérdida era nuestro temor. *(¿Cómo ayudamos a nuestros hijos a superar estos años difíciles? ¿Cómo los superamos nosotras?)*

Si así era para nosotras hace una generación, ¿cómo debe ser para las madres y padres de hoy? Están criando a sus hijos en una cultura que es más sórdida, más grosera, más tosca, más materialista, más sexualizada y más violenta que nunca. ¿Por qué no se sentirían abrumados los padres de hoy? ¿Por qué no se irían a los extremos?

No resulta difícil entender por qué algunos reaccionan poniéndose duros—por qué imponen la ley, castigan cualquier trasgresión, por más mínima que sea, y tienen a sus adolescentes bajo control. Podemos también entender por qué otros se dan por vencidos, dejan caer sus brazos, miran hacia otro lado, y esperan que pase lo mejor. No obstante estas dos reacciones—"Haz como te digo" o "Haz lo que quieras"—eliminan toda posibilidad de comunicación.

¿Por qué sería abierto un joven con un padre que es punitivo? ¿Por qué buscaría orientación de un padre que es permisivo? Sin embargo, el bienestar de nuestros adolescentes—a veces, su seguridad—depende de que tengan acceso a los pensamientos y valores de sus padres. Los adolescentes necesitan poder expresar sus dudas, confiar sus temores, y explorar opciones con un adulto que los escuchará sin abrir juicios y los ayudará a tomar decisiones responsables.

¿Quién otro sino Mami y/o Papi, estará allí para ellos día tras día, a lo largo de estos años críticos, para ayudarlos a contrarrestar los mensajes seductores de los medios? ¿Quién los ayudará a resistir la presión de sus pares? ¿Quién los ayudará a hacerle frente a las pandillas y las crueldades, al deseo de aceptación, al temor a ser rechazado, a los terrores, la excitación y la confusión de la adolescencia? ¿Quién los ayudará en la lucha entre la tendencia a acatar y la necesidad de ser honestos consigo mismos?

Vivir con adolescentes puede ser abrumador. Lo sabemos. Lo recordamos. Pero también recordamos cómo nos aferramos durante esos años turbulentos a las habilidades que habíamos aprendido y cómo nos ayudaron a sobrevivir las aguas bravas sin hundirnos.

Ahora es el momento de transmitirles a los demás lo que fue tan valioso para nosotras. Y de aprender de esta generación lo que será valioso para ellos. Llamamos a la directora y pusimos fecha para nuestro primer taller para padres de adolescentes.

Nota del Autor

Este libro está basado en los muchos talleres que hemos dado a lo largo de todo el país y aquellos que hemos dado para padres y adolescentes, separados y juntos, en Nueva York y en Long Island. Para contar nuestra historia lo más simplemente posible, condensamos nuestros muchos grupos en uno y nosotras dos nos convertimos en una sola conductora. Aunque hemos cambiado los nombres y dispuesto los eventos de forma diferente, hemos sido fieles a la verdad esencial de nuestra experiencia.

—Adele Faber y Elaine Mazlish

Cómo Hablar para que los Adolescentes Escuchen

y Cómo Escuchar para que los Adolescentes Hablen

Uno

Lidiando con los Sentimientos

No sabía qué esperar.

Mientras corría desde el estacionamiento hacia la entrada de la escuela, aferrándome con fuerza a mi paraguas sacudido por el viento, me preguntaba por qué alguien iba a dejar su cálido hogar en una noche tan fría y triste para venir a un taller sobre adolescentes.

El director del departamento de consejería me dio la bienvenida en la puerta y me introdujo en un aula donde aproximadamente veinte padres me esperaban sentados.

Me presenté, los felicité por atreverse a desafiar el mal tiempo y les entregué a todos etiquetas de identificación para que las completaran con sus nombres. Mientras escribían y charlaban unos con otros, tuve la oportunidad de estudiar el grupo. Era diverso—casi tantos hombres como mujeres—de diferentes procedencias étnicas, algunas parejas, algunos solos, algunos en trajes profesionales, algunos en jeans.

Cuando todos parecían estar listos, les pedí que se presentaran y dijeran algo sobre sus hijos.

Nadie vaciló. Uno tras otro, los padres describieron a sus

chicos que tenían entre doce y dieciséis años de edad. Casi todos comentaron algo sobre la dificultad de tener una buena relación con los adolescentes en el mundo de hoy. Aun así, me parecía que la gente estaba siendo cautelosa, conteniéndose, asegurándose de no exponerse demasiado, o demasiado pronto en una habitación llena de gente extraña.

"Antes de seguir adelante," dije, "quiero asegurarles que cualquier cosa que discutamos aquí será confidencial. Cualquier cosa que se diga entre estas cuatro paredes debe quedar aquí. No es asunto de los demás el hijo de quién está fumando, bebiendo, ausentándose de la escuela, o teniendo sexo mucho antes de lo que hubiéramos deseado. ¿Podemos convenir todos en esto?"

Todos hicieron un gesto de asentimiento.

"Siento que somos compañeros en una emocionante aventura," continué. "Mi tarea será la de presentarles métodos de comunicación que puedan conducir a relaciones más satisfactorias entre padres y adolescentes. La tarea de ustedes será la de probar esos métodos, ponerlos en acción en sus hogares y luego informar al grupo qué sucedió. ¿Qué cosa fue útil? ¿Qué cosa no lo fue? ¿Qué funcionó y qué no? Uniendo fuerzas decidiremos cuáles son las formas más efectivas de ayudar a nuestros chicos a que hagan esa ardua transición de la niñez a la adultez."

Hice una pausa aquí para ver la reacción del grupo. "¿Por qué tiene que ser una 'transición ardua'?" protestó un padre. "No recuerdo haber pasado un momento tan difícil cuando era un adolescente. Y no me acuerdo de haberles dado a mis padres momentos difíciles."

"Eso es porque eras un chico fácil," dijo su esposa, sonriendo y dándole palmaditas en su brazo.

"Sí, bien, puede ser que haya sido más fácil ser 'fácil' cuando nosotros éramos adolescentes," comentó otro hombre. "Hoy suceden cosas de las que ni se oían entonces."

"Supongamos que todos regresamos a ese entonces," dije. "Pienso que hay cosas que podemos aprender de nuestra propia adolescencia que podrían darnos alguna idea de lo que nuestros chicos están experimentando hoy. Empecemos por tratar de recordar qué fue lo mejor de ese momento de nuestras vidas."

Michael, el hombre que había sido un 'chico fácil,' habló primero. "La mejor parte para mí eran los deportes y salir por ahí con amigos."

Otra persona dijo, "Para mí era la libertad de ir y venir. Tomar el metro solo. Ir a la ciudad. Subir a un autobús e ir a la playa. ¡Diversión total!"

Otros intervinieron. "Tener permiso para usar tacones altos y maquillarme y toda la excitación por los muchachos. Mis amigas y yo gustábamos del mismo chico y entonces era, '¿piensas que él gusta de mí o piensas que gusta de ti?' "

"La vida era fácil entonces. Podía dormir hasta el mediodía los fines de semana. No tenía preocupaciones tales como conseguir un trabajo, pagar la renta, mantener una familia. Y no tenía preocupaciones acerca del mañana. Sabía que siempre podía contar con mis padres."

"Para mí fue un tiempo para explorar quién era yo y de experimentar diferentes identidades y de soñar acerca del futuro. Era libre para fantasear, pero también tenía la seguridad de mi familia."

Una mujer sacudió su cabeza en desacuerdo. "Para mí," dijo con amargura, "la mejor parte de la adolescencia fue superarla."

Leí su etiqueta de identificación. "Karen," dije, "suena como si no hubiera sido la mejor etapa de tu vida."

"Realmente," dijo, "fue un alivio acabar con ella."

"¿Acabar con qué?" preguntó alguien.

Karen se encogió de hombros antes de responder. "Con preocuparme por ser aceptada . . . y con intentarlo mucho . . . y sonreírle mucho a la gente para gustarle . . . y con nunca encajar realmente . . . con sentirme siempre afuera."

Otros rápidamente se sumaron a su opinión, incluso algunos que apenas un momento antes habían hablado muy ardientemente acerca de sus años de adolescentes.

"Yo puedo identificarme con eso. Recuerdo sentirme muy torpe e insegura. Tenía sobrepeso entonces y odiaba la forma en que me veía."

"Sé que mencioné mi excitación por los muchachos, pero la verdad es que era más bien como una obsesión—gustar de ellos, distanciarme de ellos, perder amigos por ellos. Los muchachos eran lo único en que pensaba y mis calificaciones lo demostraban. Casi no me gradué."

"Mi problema en esos días era la presión que ejercían otros chicos sobre mí para que hiciera cosas que yo sabía que eran incorrectas o peligrosas. Hice un montón de cosas estúpidas."

"Recuerdo que me sentía siempre confundido. ¿Quién soy? ¿Cuáles son mis gustos? ¿Qué me disgusta? ¿Soy auténtico o soy una vulgar imitación? ¿Puedo ser yo mismo y aun así ser aceptado?"

Me gustaba el grupo. Apreciaba su honestidad. "Díganme," les pedí, "durante esos años de montaña rusa, ¿hubo algo que sus padres dijeran o hicieran que fuera útil para ustedes?"

La gente buscó en sus recuerdos.

"Mis padres nunca me gritaron frente a mis amigos. Si hacía algo incorrecto, como llegar a casa realmente tarde, y mis amigos estaban conmigo, mis padres esperaban hasta que se hubieran ido. Después me daban mi merecido."

"Mi padre solía decirme cosas como, 'Jim, tienes que defender tus convicciones... Cuando tengas dudas, consulta tu conciencia... Nunca tengas miedo de hacer las cosas mal porque si no nunca las harás bien.' Yo solía pensar, 'Ahí viene otra vez con lo mismo,' pero a veces realmente me aferraba a sus palabras."

"Mi madre siempre me empujaba a que mejorase. 'Puedes hacerlo mejor... Revísalo otra vez... ¡Hazlo nuevamente! No me dejaba pasar nada por alto. Mi padre, por el contrario, pensaba que yo era perfecto. De modo que yo sabía por qué cosa ir a cada uno. Tenía una buena combinación."

"Mis padres insistían en que aprendiera diferentes habilidades, como administrar una chequera, cambiar una llanta. Incluso me hacían leer cinco páginas de español por día. A mí me resentía todo eso en ese momento, pero terminé consiguiendo un buen empleo porque sabía español."

"Sé que no debería estar diciendo esto, porque probablemente aquí haya muchas madres que trabajan, incluyéndome a mí, pero realmente me gustaba tener a mi madre ahí cuando llegaba a casa después de la escuela. Si algo perturbador me había sucedido durante el día, siempre podía contárselo a ella."

"Entonces," dije, "muchos de ustedes sintieron a sus padres como un apoyo durante sus años de adolescentes."

"Ésa es sólo una parte de la historia," dijo Jim. "Junto con las palabras positivas de mi padre, había un montón de cosas que lastimaban. Nada de lo que yo hiciera era nunca suficientemente bueno para él. Y me lo hacía saber." Las palabras de Jim abrieron las compuertas. Entonces fluyó un torrente de recuerdos tristes:

"Yo recibía muy poco apoyo de mi madre. Yo tenía muchos problemas y realmente necesitaba su consejo, pero todo lo que recibía de ella eran los mismos viejos cuentos: 'Cuando yo tenía tu edad . . . ' Con el tiempo aprendí a guardarme todo en mi interior."

"Mis padres acostumbraban a hacerme sentir culpable . . . 'Tú eres nuestro único hijo . . . ' 'Esperamos más de ti . . . ' 'No estás a la altura de tu potencial . . . ' "

"Las necesidades de mis padres siempre estaban antes que las mías. Hacían que sus problemas fueran míos. Yo era la mayor de seis y esperaban que yo cocinara, limpiara y cuidara a mis hermanos y hermanas. No tenía tiempo para ser una adolescente."

"Yo tuve lo opuesto. Fui tratada como un bebé y sobreprotegida hasta tal punto que no me sentía capaz de tomar decisiones sin la aprobación de mis padres. Me llevó años de terapia comenzar a tener confianza en mí misma."

"Mis padres eran de otro país, una cultura totalmente diferente. En mi casa todo estaba estrictamente prohibido. No podía comprar lo que quería, no podía vestirme como quería. Aun cuando ya era senior en la secundaria, tenía que pedir permiso para todo."

Una mujer llamada Laura fue la última en hablar.

"Mi madre se iba al otro extremo. Era demasiado indulgente. No me hacía cumplir ninguna regla. Yo iba y venía a mi antojo. Podía estar afuera hasta las dos o tres de la mañana y a nadie le preocupaba. Nunca hubo una hora para llegar a casa ni ninguna clase de intervención. Me permitía incluso tomar alcohol en la casa. A los dieciséis estaba consumiendo cocaína y bebiendo. La parte más atemorizante fue cuán rápido me precipité barranca abajo. Todavía siento enojo hacia mi madre por ni siquiera intentar darme una estructura. Destruyó muchos años de mi vida."

El grupo estaba en silencio. La gente sentía el impacto de lo que acababa de oír. Finalmente Jim comentó, "Vaya, los padres pueden tener buenas intenciones, pero realmente pueden complicarle la vida a un hijo."

"Pero todos nosotros sobrevivimos," protestó Michael. "Todos crecimos, nos casamos, formamos una familia propia. De una forma u otra nos las arreglamos para volvernos adultos sanos."

"Puede ser que sea cierto," dijo Joan, la mujer que previamente se había referido a su terapia, "pero para superar todo lo malo invertimos demasiado tiempo y energía." "Y hay cosas que nunca superas," agregó Laura. "Por eso estoy aquí. Mi hija está empezando a actuar de una forma que me preocupa y no quiero repetir con ella lo que mi madre hizo conmigo."

El comentario de Laura transportó el grupo al presente. Poco a poco, la gente comenzó a expresar sus ansiedades actuales acerca de sus hijos:

"Lo que me preocupa es la nueva actitud de mi hijo. No quiere vivir de acuerdo a las reglas de nadie. Es un rebelde. Igual que yo a los quince. Pero yo lo escondía. Él lo hace abiertamente. Insiste en hacer todo a su modo."

"Mi hija tiene sólo doce, pero su ego anhela aceptación, especialmente de los chicos. Temo que algún día se ponga en una situación comprometedora, sólo para ser popular."

"Yo estoy preocupado por el rendimiento escolar de mi hijo. No está dedicándose en absoluto. No sé si es que está demasiado ocupado en los deportes o simplemente está siendo perezoso."

"Lo único que parece preocuparle a mi hijo ahora son sus nuevos amigos y estar a la moda. No me gusta que ande por ahí con ellos. Creo que son una mala influencia."

"Mi hija es como dos personas diferentes. Afuera de casa es una muñeca—dulce, complaciente, amable. Pero en casa, olvídalo. En el momento en que le digo que no puede hacer algo o tener algo, se pone intratable."

"Se parece a mi hija. Sólo que la única persona con quien se vuelve intratable es con su nueva madrastra. Es una situación muy tensa, especialmente cuando estamos todos juntos el fin de semana."

"A mí me preocupa el mundo adolescente completo. Los chicos hoy en día no saben qué están tomando o fumando. He oído demasiadas historias acerca de fiestas en las que algunos muchachos disimuladamente meten drogas en la bebida de una chica y acerca de citas para violar chicas."

El aire estaba pesado con la ansiedad colectiva del grupo. Karen rio nerviosamente, "Bien, ahora que ya sabemos cuáles son los problemas—¡rápido, necesitamos las soluciones!"

"No hay soluciones rápidas," dije. "No con adolescentes. No los pueden proteger de todos los peligros del mundo de hoy, o ahorrarles el desorden de sus años de adolescentes, o sacarles de encima toda la cultura pop que los bombardea con mensajes nocivos. Pero si ustedes pueden crear en sus hogares el tipo de ambiente en el que sus chicos se sientan libres para expresar sus sentimientos, hay buenas posibilidades de que estén más abiertos a oír los suyos. Más dispuestos a considerar sus perspectivas de adultos. Más capaces de aceptar los límites de ustedes. Hay más probabilidades de que estén protegidos por sus valores."

"¡Quiere decir que todavía hay esperanza!" exclamó Laura. "¿No es demasiado tarde? La semana pasada me desperté con un terrible sentimiento de pánico. En lo único que podía pensar era que mi hija ya no era una niñita y que no había retorno. Estaba tendida ahí, paralizada y pensaba acerca de todas las cosas que había hecho mal con ella y entonces me sentí tan deprimida y tan culpable.

"Después reaccioné. Oye, no estoy muerta todavía. Ella no se ha ido de casa todavía. Y yo siempre voy a ser su madre. Tal vez pueda aprender a ser una mejor madre. Por favor, dime que no es demasiado tarde."

"Mi experiencia es," le aseguré, "que nunca es demasiado tarde para mejorar una relación con un hijo."

"¿De veras?"

"De veras."

Era el momento de empezar el primer ejercicio.

"Hagamos de cuenta que yo soy su adolescente," le dije al grupo. "Voy a decirles algunas cosas que se me ocurran y les voy a pedir a ustedes que respondan de algún modo que ya hayan comprobado que disgusta a la mayoría de los chicos. Ahí vamos:"

"No sé si quiero ir a la universidad."

Mis "padres" se lanzaron a dar respuestas:

"No seas ridícula. Por supuesto que vas a ir a la universidad."

"Eso es lo más tonto que he oído."

"No puedo creer ni siquiera que lo digas. ¿Quieres romperles el corazón a tus abuelos?"

Todos se rieron. Yo continué pregonando mis preocupaciones y aflicciones.

¿Por qué siempre tengo que ser yo el que saca la basura?"

"Porque tú nunca haces nada aquí, excepto comer y dormir."

"¿Por qué siempre tienes que ser tú el que se queja?"

"¿Cómo es que tu hermano nunca me hace pasar un mal momento cuando le pido ayuda a él?"

"Hoy un policía nos dio una larga conferencia sobre drogas. ¡Qué pesado! Lo único que quería era tratar de asustarnos."

"¿Asustarlos? Está tratando de hacerles entrar un poco de sensatez en sus cabezas."

"Si alguna vez te agarro consumiendo drogas, realmente tendrás algo de qué estar asustado."

"El problema con ustedes, chicos de hoy, es que piensan que lo saben todo. Bien, déjame que te diga, tienen mucho que aprender."

"No me importa que tenga fiebre. ¡De ningún modo me voy a perder ese concierto!"

"Eso es lo que tú piensas. No irás a ningún lado esta noche, excepto a la cama!"

"¿Por qué querrías hacer algo tan tonto? Todavía estás enferma."

"No es el fin del mundo. Habrá montones de conciertos. ¿Por qué no escuchas el último CD de la banda, cierras tus ojos y te imaginas que estás en el concierto?"

Michael resopló, "¡Oh, sí, eso debería tener un gran efecto!"

"En realidad," les dije, "como su hija, nada de lo que oí recién tuvo un 'gran efecto' conmigo. Ustedes rechazaron mis sentimientos, ridiculizaron mis pensamientos, criticaron mi opinión, y me dieron consejos que yo no pedí. Y lo hicieron tan fácilmente. ¿Cómo puede ser?"

"Porque es lo que tenemos en nuestras cabezas," dijo Laura. "Es lo que oímos cuando nosotros éramos chicos. Es lo que nos surge naturalmente."

"Yo también pienso que para los padres es natural," dije, "rechazar los sentimientos dolorosos o inquietantes. Es duro para nosotros escuchar a nuestros adolescentes expresar sus confusiones o enojo o decepción o desaliento. No podemos soportar verlos infelices. Entonces, es con las mejores intenciones que desechamos sus sentimientos e imponemos nuestra lógica de adultos. Queremos mostrarles la forma 'correcta' de sentir.

"Y sin embargo, es nuestra escucha lo que puede reconfortarlos más. Es nuestra aceptación de sus sentimientos de infelicidad lo que puede hacer que para nuestros chicos sea más fácil manejar esos sentimientos."

"¡Vaya!" exclamó Jim. "Si mi esposa estuviera aquí esta noche, diría, 'Ves, eso es lo que he estado tratando de decirte. No me des lógica. No me hagas todas esas preguntas. No me digas qué hice mal o qué debería hacer la próxima vez. Sólo *escúchame.*' "

"¿Saben de qué me doy cuenta?" dijo Karen. "La mayor parte del tiempo yo sí escucho—a todo el mundo, excepto a mis hijos. Si uno de mis amigos estuviera turbado, no se me ocurriría decirle qué hacer. Pero con mis hijos es una historia totalmente diferente. Me involucro inmediatamente. Tal vez lo hago porque los estoy escuchando como madre. Y como madre siento que tengo que arreglar las cosas."

"Ése es el gran desafío," dije, "cambiar nuestro pensamiento de 'cómo arreglo las cosas *yo*' a 'cómo capacito a mis hijos para arreglar las cosas por sí mismos.' "

Saqué de mi portafolios las ilustraciones que había preparado para este primer encuentro y se las entregué. "Aquí," les dije, "en forma de historieta están algunos principios y habilidades básicos que pueden ser útiles para nuestros adolescentes cuando están desorientados o afligidos. En cada caso ustedes verán el contraste entre la clase de conversación que puede aumentar su angustia y la clase que puede ayudarlos a superarla. No hay garantías de que nuestras palabras producirán los resultados positivos que ustedes ven aquí, pero al menos no producirán daño."

En Lugar de Hacer Caso Omiso de los Sentimientos

Mamá no quiere que Abby se sienta mal. Pero al hacer caso omiso del dolor de su hija, sin darse cuenta lo aumenta.

Identifica los Pensamientos y Sentimientos

Mamá no puede quitarle todo el dolor a Abby, pero poniendo sus pensamientos y sentimientos en palabras, ayuda a su hija a enfrentar la realidad y a reunir coraje para seguir adelante.

En Lugar de Ignorar los Sentimientos . . .

Mamá tiene buenas intenciones. Quiere que a su hijo le vaya bien en la escuela. Pero criticando su conducta, rechazando su preocupación y diciéndole qué hacer, hace que sea más difícil para él decidirse por sí mismo qué hacer.

Reconozca los Sentimientos con una Palabra o Sonido (Oh . . . mmm . . . ah . . . ya veo.)

Las respuestas mínimas y enfáticas de mamá ayudan a su hijo a sentirse comprendido y libre para concentrarse en lo que necesita hacer.

En Lugar de Lógica y Explicaciones . . .

Cuando Papi responde a las preguntas no razonables de su hija con una explicación razonable, ella se siente aún más frustrada.

Ofrezca en la Fantasía lo que no Puedes Darle en la Realidad

Dándole a su hija lo que quiere en la fantasía, papá hace que sea un poquito más fácil para ella aceptar la realidad.

En Lugar de ir Contra su Buen Juicio . . .

Para hacer feliz a su hijo y evitar una batalla, mamá pasa por alto su buen juicio y opta por la vía de la menor resistencia.

Acepte los Sentimientos Mientras que Aparta la Conducta Inaceptable

Mostrando comprensión por la dificultad de su hijo, mamá hace que sea un poquito más fácil para él aceptar los límites firmes.

Los comentarios comenzaron aun antes de que todos hubieran terminado de leer.

"¡Tú debes de haber estado en mi casa! ¡Todo lo que no se debería decir suena exactamente como lo que yo digo."

"Lo que me molesta es que todas estas escenas tienen finales tan felices. Mis chicos nunca se darán por vencidos o se rendirían tan fácilmente."

"Pero esto no se trata de que los chicos cedan o se den por vencidos. Se trata de escuchar realmente lo que están sintiendo."

"Sí, pero para hacer eso, tienes que escuchar en forma diferente."

"Y hablar en forma diferente. Es como aprender un lenguaje totalmente nuevo."

"Y para sentirse cómodo con un nuevo lenguaje," dije, "para hacerlo tuyo, hay que practicarlo. Empecemos ahora. Supongamos que yo soy su adolescente nuevamente. Expresaré las mismas inquietudes, sólo que esta vez, Mami y Papi, ustedes reaccionarán usando cualquiera de las habilidades que han visto ilustradas."

La gente empezó inmediatamente a hojear las páginas de ilustraciones. Les di un momento antes de lanzar mi lista de preocupaciones. Algunas de las respuestas del grupo a lo que yo expresaba llegaron rápidamente. Otras llevaron tiempo. La gente empezaba, se detenía, rehacía su frase, y finalmente encontraba las palabras que la dejaban satisfecha.

"No sé si quiero ir a la universidad."

"Parece que realmente estás teniendo dudas acerca de eso."

"Te estás preguntando si la universidad está bien para ti."

"¿No desearías poder mirar en una bola de cristal y ver qué te depara el futuro—en los dos casos, con la universidad y sin ella?"

"¿Por qué siempre tengo que ser yo el que saca la basura?"

"Vaya, veo que eso te enoja mucho."

"No es tu actividad favorita. Mañana hablamos sobre la posibilidad de rotar tareas. Ahora necesito tu ayuda."

"¿No sería genial si la basura se sacara ella sola?"

"Hoy un policía nos dio una larga charla sobre drogas. Qué pesado. Lo único que hizo fue tratar de asustarnos."

"De modo que tú piensas que estaba exagerando—tratando de asustar a los chicos para que se mantuvieran alejados de las drogas."

"Las tácticas de susto te disgustan."

"Parece que tu deseo es que los adultos les den información clara a los chicos y que confíen en que tomarán decisiones responsables."

"No me importa que tenga fiebre. ¡De ningún modo me voy a perder el concierto!"

"Qué mala suerte estar enferma—¡justo hoy! Has estado esperando este concierto por semanas."

"Lo sé. Querías con todo tu corazón ir a ese concierto. El problema es que, con una fiebre de 101, tu lugar es la cama."

"Aunque sabes que habrá muchos otros conciertos, seguro que tú deseas no tener que perderte justo éste."

Cuando el ejercicio finalmente terminó, la gente se veía complacida consigo misma. "Creo que estoy empezando a entender," dijo Laura. "La idea es tratar de poner en palabras lo que tú piensas que el chico está sintiendo, pero reservarte lo que *tú* estás sintiendo."

"Ahora, ésa es la parte para la que tengo objeciones," dijo Jim. "¿Cuándo llega el momento de hablar de *mis* sentimientos—de decir lo que *yo* quiero decir? Por ejemplo, 'Hacer las tareas de la casa es una contribución a la vida familiar'; 'Ir a la universidad es un privilegio; puede cambiar tu vida'; 'Consumir drogas es tonto; puede arruinar tu vida.' "

"Sí," estuvo de acuerdo Michael. "Después de todo, nosotros somos sus padres. ¿Cuándo llega el momento de hablar acerca de lo que *nosotros* creemos o sobre *nuestros* valores?"

"Siempre habrá tiempo para comunicar sus mensajes," dije, "pero ustedes tienen más posibilidades de ser oídos si empiezan por dejarles saber a sus hijos que ya se les ha oído a ellos. Si bien es cierto que ni siquiera entonces hay garantías. Pueden acusarlos de no entenderlos, de no ser razonables o de ser anticuados. Pero no cometan errores. A pesar de sus humillaciones y protestas, sus adolescentes quieren saber exactamente cuál es la actitud de ustedes. Sus valores y convicciones tienen un papel vital en la decisión de las elecciones de ellos."

Respiré profundamente. Habíamos tocado muchos temas esa noche. Era hora de que los padres se fueran a sus hogares y pusieran a prueba lo que habían aprendido. Hasta ahora, ellos habían estado cabalgando sobre la fuerza de mis convicciones. Sólo poniendo las habilidades en acción con sus propios adolescentes y observando los resultados por sí mismos podrían descubrir sus propias convicciones.

"Los veo la próxima semana," dije. "Estaré ansiosa de oír sus experiencias."

Las Historias

No sabía qué podía haber resultado de nuestro primer encuentro. Una cosa es tratar de aplicar principios nuevos a problemas hipotéticos cuando estás rodeado de otros padres en un taller. Es algo totalmente diferente cuando estás solo en casa, tratando de arreglártelas con chicos reales y problemas reales. Y aun así, muchos de los padres hicieron exactamente eso. Aquí con una ligera edición, hay una muestra de sus experiencias. (Verán que la mayoría de las historias provienen de las mismas personas que participaron activamente en la clase. Pero, algunas provienen de padres que apenas participaron de la discusión, pero que quisieron compartir—por escrito—la forma en que sus nuevas habilidades habían afectado sus relaciones con sus adolescentes.)

Joan

Mi hija, Rachel, ha estado muy deprimida últimamente. Pero en cualquier momento en que yo le preguntaba cuál era el problema, diría, "Nada." Entonces yo le decía, "¿Cómo puedo ayudarte si no me cuentas?" Ella me respondería, "No quiero hablar de eso." Yo decía, "Tal vez, si hablaras sobre eso, te sentirías mejor." Entonces ella me lanzaría una de esas miradas terribles y con eso se acabaría el diálogo.

Pero después de nuestra discusión en la clase de la semana pasada, decidí intentar el "nuevo acercamiento." Le dije, "Rachel, se te ve tan triste últimamente. Cualquier cosa que sea, te está haciendo sentir realmente mal."

Bien, las lágrimas comenzaron a rodar por sus mejillas y poquito a poco apareció la historia completa. Las dos chicas que habían sido sus amigas en toda la escuela primaria y la escuela media ahora eran parte de un nuevo grupo popular y la estaban dejando totalmente afuera. No le reservaban un asiento al lado de ellas para el almuerzo como solían hacerlo ni la invitaban a ninguna de sus fiestas. Apenas si le decían hola cuando se cruzaban en el pasillo. Y Rachel estaba segura de que había sido una de ellas quien había enviado un e-mail a otros chicos comentando que las ropas cursis que ella usa la hacen lucir más gorda y ni siquiera son de marca.

Yo estaba impactada. Había oído que este tipo de cosas suceden en la escuela y sabía lo crueles que algunas chicas pueden ser, pero nunca me imaginé que alguna vez le sucedería algo así a mi hija.

Lo único que quería hacer era quitarle su dolor. Decirle que se olvidara de esas chicas desagradables y crueles. Que encontrara nuevas amigas. Mejores amigas. Amigas que apreciaran la gran chica que es. Pero no le dije nada de eso. En cambio sólo hablé acerca de sus sentimientos. Dije, "Ay, cariño, eso es duro. Descubrir que las personas en quien confiaste y a las que consideraste amigas no son realmente amigas, debe de doler."

"¡Cómo pueden ser tan malas!" Dijo y gritó algunas cosas más. Después me contó acerca de otra chica en su clase a la que estaban "hostigando" por Internet diciendo que tenía un cuerpo hediondo y olía a pis.

Yo apenas podía creer lo que estaba oyendo. Le dije a Rachel que esta clase de conducta decía todo acerca de la clase de gente que eran ellas, y nada sobre ninguna otra persona. Evidentemente la única forma en que estas chicas se pueden sentir especiales, partes integradas de un "grupo", es asegurándose de que el resto de las personas sean mantenidas afuera.

Ella asintió con su cabeza y después hablamos por un largo tiempo sobre "verdaderos" amigos y "falsos" amigos y sobre cómo ver la diferencia. Después de un rato, pude comprobar que empezaba a sentirse un poquito mejor.

Pero no podía decir lo mismo de mí misma. De modo que al día siguiente, después de que Rachel partió para la escuela, me contacté con su consejera. Le dije que la llamada era confidencial, pero que pensaba que tal vez a ella le interesaría saber lo que estaba sucediendo.

Yo no tenía idea qué clase de respuesta obtendría, pero ella estuvo genial. Me dijo que estaba muy contenta de que yo hubiese llamado porque últimamente había estado oyendo diferentes historias acerca de lo que ella llamó "matonismo cibernético" y que había estado planeando discutir el problema con el rector de la escuela para ver qué se podía hacer para ayudar a todos los estudiantes a entender cuán hiriente puede ser esta clase de abuso y hostigamiento en la red.

Al final de la conversación, me sentía muchísimo mejor. Hasta me descubrí pensando, *¿Quién sabe? Tal vez de todo esto puede resultar algo bueno.*

Jim

Mi hijo mayor tiene un trabajo de medio tiempo en un restaurante de comidas rápidas. La semana pasada cuando llegó a casa después del trabajo, tiró su mochila sobre la mesa y empezó a insultar a su jefe. Cada palabra que salía de su boca era un insulto.

Resulta ser que cuando su jefe le había preguntado si él tomaría horas extra el sábado, mi hijo le había dicho, "Puede ser." Y ese día, cuando llegó al trabajo y estaba a punto de decirle a su jefe que definitivamente lo haría, el "bastardo" (para citar a mi hijo) ya le había dado las horas extra a otro.

Bien, el chico tuvo suerte de que yo no diera rienda suelta a lo que realmente quería decir: "¿Por qué te sorprende? ¿Qué esperabas? ¡Crece! ¿Cómo se supone que un hombre puede llevar adelante su negocio con un empleado que le dice que 'tal vez' trabajará? 'Tal vez' no es una respuesta."

Pero no estallé. Y ni siquiera mencioné las palabrotas—esta vez. Sólo dije, "De modo que no sentiste que tenías que darle una respuesta definitiva directamente." Él me dijo, "¡No, necesitaba pensarlo!"

Yo dije, "Aha."

Él dijo, "¡Tengo una vida además del trabajo!"

Pensé, *"Esto no está funcionando."*

Entonces, de repente dijo, "Me imagino que hice una tontería. Lo debería haber llamado cuando llegué a casa y no dejarlo esperando."

¿Qué tal eso? ¡Yo le mostré un poco de comprensión y él admitió lo que debería haber hecho desde el principio!

Laura

Pocos días después de nuestro taller, llevé a mi hija a comprar jeans. Gran error. Nada de lo que se probaba era "correcto." No era el calce correcto, o el color correcto, o la marca correcta. Finalmente encontró un par que le gustaba—un par de corte hasta las caderas que le quedaban tan apretados que apenas podía cerrar la cremallera y que le marcaba cada parte de su trasero.

No dije una sola palabra. Sólo la dejé en su cambiador y me fui a buscar una talla más grande. Cuando regresé, ella estaba todavía admirándose en el espejo. Le echó una mirada a los pantalones que traía para ella y empezó a gritar, "¡Yo no me voy a probar esos! Tú quieres que parezca una boba. Porque tú eres gorda, piensas que todos deberían vestir ropas grandes. ¡Bien, yo no voy a esconder mi cuerpo en la forma en que tú lo haces!"

Yo estaba tan dolida, tan enojada, estuve cerca de llamarla 'pequeña bruja.' Pero no lo hice. Le dije, "Te esperaré afuera." Eso fue todo lo que logré pronunciar.

Ella dijo, "¿Qué hay de mis jeans?"

Repetí, "Te esperaré afuera," y la dejé en el probador.

Cuando finalmente salió, lo último que hubiera querido hacer era "reconocer sus sentimientos" pero lo hice de todos modos. Dije, "Sé que te gustaban esos jeans. Y sé que estás enojada porque no los apruebo." Después le hice saber cómo me sentía. "Cuando me hablan de esa forma, algo en mí se cierra. Ya no quiero más estar de compras, ni ayudar a nadie, ni siquiera hablar de nada."

Ninguna de las dos dijo nada más en todo el viaje a casa. Pero justo antes de que llegáramos, ella murmuró, "Lo siento."

No fue una gran disculpa, pero aun así estaba contenta de oírla. También estaba contenta de no haberle dicho nada por lo que hubiera tenido que disculparme.

Linda

No sé si mi relación con mi hijo está algo mejor, pero pienso que estoy haciendo algún progreso con sus amigos. Son mellizos de trece años, Nick y Justin, los dos brillantes, pero fuera de control. Fuman (sospecho que más que cigarillos), viajan en autos de desconocidos, y una vez que sus padres los habían puesto en penitencia, salieron por la ventana de su habitación y se fueron al mall.

Mi hijo se siente halagado por el interés de los mellizos en él, pero yo estoy preocupada. Estoy segura de que él ha estado viajando en autos de desconocidos con ellos aunque él lo niegue. Si yo hiciera lo que quiero le prohibiría verlos afuera de la escuela. Pero mi esposo dice que eso sólo empeoraría las cosas, que encontraría la forma de verlos de algún modo y nos lo ocultaría.

Entonces nuestra estrategia durante todo el mes pasado ha sido invitar a los mellizos a cenar a casa todos los sábados. Nos imaginamos que si ellos están aquí, podemos mantener un ojo sobre todos ellos y llevarlos en auto a donde quieran ir. Al menos por una noche sabemos que ellos no estarán parados por ahí en una esquina oscura, levantando sus pulgares, esperando que algún extraño en un auto los levante.

De todos modos, a lo que está conduciendo todo esto es que hasta ahora nunca habíamos podido tener una conversación con ninguno de los mellizos. Pero después del taller de la semana pasada realmente hemos hecho algún progreso.

Ambos mellizos estaban hablando mal de su profesor de ciencias y llamándolo estúpido. Normalmente nosotros hubiéramos defendido al profesor. Pero no lo hicimos esta vez. Esta vez tratamos de reconocer lo que los mellizos sentían por él. Mi esposo dijo, "Es un profesor que realmente no les gusta." Y ellos siguieron contándonos más: "Es tan aburrido. Y siempre les grita a los chicos que no lo escuchan. Si te hace una pregunta y no sabes la respuesta, te humilla frente a todo el mundo."

Yo dije, "Nick, apuesto a que si tú y Justin fueran profesores, no les gritarían a los chicos ni los humillarían por no saber una respuesta."

Ambos dijeron, "¡Claro!" casi al mismo tiempo.

Mi esposo agregó, "Y ninguno de ustedes sería aburrido. Los chicos serían afortunados de tenerlos a ustedes dos como profesores."

Se miraron uno al otro y se rieron. Mi hijo estaba sentado allí con la boca abierta. No podía creer que sus amigos "de moda" estuvieran realmente teniendo una conversación con sus padres "tan fuera de moda."

Karen

Una noche Stacey y yo estábamos ojeando un viejo album de fotografías. Señalé una foto suya sobre su bicicleta cuando tenía alrededor de seis años y dije, "¡Mira que linda eras!"

"Sí," dijo ella, *"entonces."* Le dije, "¿Qué quieres decir con 'entonces'?" Ella dijo, "No me veo tan linda ahora." Dije, "No seas tonta. Te ves bien." Dijo, "No, no es así. Me veo gorda. Mi cabello está demasiado corto, mis pechos demasiado pequeños, y mi trasero es demasiado grande."

Siempre me enoja cuando habla de esa forma sobre sí misma. Me recuerda mis propias inseguridades cuando yo tenía su edad y cómo mi mamá siempre me perseguía con sugerencias de cómo podía mejorar mi imagen: "No te encojas... Mantén altos tus hombros... Haz algo con tu pelo... Ponte un poco de maquillaje. ¡Luces como la ira de Dios!"

De modo que ayer cuando Stacey empezó a subestimarse, mi primer instinto fue tranquilizarla: "No hay absolutamente nada malo con tu trasero, tu cabello crecerá, y también tus senos. Y si no crecen, siempre puedes poner una almohadilla en tu sostén."

Bien, ésa es la clase de cosas que yo *hubiera* dicho. Pero esta vez pensé, *Bien, vamos por sus sentimientos.* La rodeé con mi brazo y dije, "No pareces estar satisfecha para nada con la forma en que luces... ¿Sabes qué desearía? Desearía que la próxima vez que te pares frente a un espejo pudieras ver lo que yo veo."

De repente pareció interesada. "¿Qué ves?"

Le dije la verdad. "Veo una chica que es hermosa, por dentro y por fuera."

Ella dijo, "Ay, tú eres mi madre," y salió de la habitación.

Un minuto más tarde la vi posando frente a un espejo de cuerpo entero que está en el vestíbulo. Tenía su mano sobre su cadera y realmente estaba sonriéndose a sí misma.

Michael

¿Recuerdan que mencioné la actitud negativa de mi hijo hacia la escuela? Bien, a la mañana siguiente a nuestro taller, bajó a tomar el desayuno con su mal humor habitual. Zapateando por toda la cocina, quejándose de toda la presión a la que estaba sometido. Tenía dos exámenes importantes—Español y Geometría—en el mismo día.

Casi le dije lo que siempre le digo cuando empieza con eso: "Si hicieras tu trabajo y estudiaras de la forma en que deberías, no tendrías que preocuparte por los exámenes." Pero mi esposa me dio unos golpecitos con su dedo y me miró de una forma elocuente, entonces recordé todo lo de la cosa fantasiosa. De modo que dije, "No sería grandioso si en la radio de repente anunciaran: "¡Día de mucha nieve! Se esperan grandes tormentas. ¡Todas las escuelas permanecerán cerradas!"

Eso lo tomó por sorpresa. Realmente sonrió. Así que yo aumenté la apuesta. Dije, "¿Sabes qué sería realmente genial? Si *cualquier* día en que tú tuvieras un examen se convirtiera en un día de tormenta de nieve."

Tuvo una casi media risa y dijo, "Sí. . . ¡me encantaría!" Pero en el momento en que partió hacia la escuela estaba de mejor humor.

Steven

Me volví a casar hace más de un año, y Amy, mi hija de 14 años, ha estado disgustada con mi nueva esposa desde el primer día. Cada vez que paso a buscarla por la casa de su madre para pasar el fin de semana conmigo y Carol, es la misma historia. En el mismo momento en que sube al auto encuentra algo para criticarla.

Y no importa qué le diga, parece que no puede superarlo. Le señalo cuán injusta está siendo con Carol, cómo no le da ninguna oportunidad, cuán duro ha trabajado Carol para ser su amiga. Pero cuanto más hablo, más trata ella de probarme que estoy equivocado.

Fue muy bueno haber venido al taller la semana pasada porque el domingo siguiente, cuando pasé a buscar a Amy, ella empezó directamente: "Odio ir a tu casa. Carol está siempre dando vueltas. ¿Por qué tuviste que casarte con ella?"

Era imposible que yo pudiera hacerme cargo de esto y conducir, de modo que estacioné en la banquina y apagué el motor. Lo único que pude pensar fue, *Tranquilo. No discutas con ella. Ni siquiera trates de razonar con ella. Esta vez solo escucha. Deja que ella se desahogue.* De modo que le dije, "Bien, Amy, parece que tienes muchos sentimientos muy fuertes ahí. ¿Hay algo más?"

Ella dijo, "Tú no quieres oír lo que tengo que decirte... Nunca quieres."

"Ahora sí quiero. Porque puedo ver cuán enojada y triste estás."

Bien, eso funcionó. Apareció una larga lista de quejas: "Ella no es tan dulce como piensas . . . Es una gran falsa . . . De lo único que se preocupa es de ti . . . Sólo simula que le gusto."

Ni una sola vez me puse del lado de Carol o traté de convencer a Amy de que estaba equivocada. Sólo dije *ah, mmm,* y escuché.

Finalmente, ella suspiró y dijo, "Ay, y de qué sirve."

Dije, "*Sirve* de algo. Porque saber cómo te sientes es importante para mí."

Me miró, y pude ver que tenía lágrimas en sus ojos. "¿Sabes algo más?" le dije. "Nosotros necesitamos asegurarnos de pasar más tiempo juntos los fines de semana—sólo nosotros dos."

"¿Y qué hay de Carol?" preguntó. "¿No va a enojarse?"

"Carol comprenderá," le dije.

De todos modos, más tarde ese día Amy y yo llevamos al perro a hacer una larga caminata por el parque. No puedo probar ahora que haya alguna relación, pero ese fin de semana fue el mejor que Carol, Amy y yo hayamos pasado juntos alguna vez.

Reconozca los Sentimientos de su Adolescente

Adolescente: ¡Oh, no! ¿Qué voy a hacer? Les dije a los Gordons que cuidaría a su bebé el sábado, ¡y ahora Lisa me llama y me invita a dormir a su casa con otras chicas!

Padre: Lo que deberías hacer es . . .

En lugar de rechazar los sentimientos de tu adolescente y dar consejo:

Reconoce sentimientos con una palabra o sonido:
Ahh!

Identifica pensamientos y sentimientos:
"Parece como si te tironearan en dos direcciones. Quieres ir a lo de Lisa, pero no quieres fallarles a los Gordons."

Ofrécele en la fantasía lo que no puedes darle en la realidad:
"¡No sería grandioso si pudieras clonarte! Una de ustedes podría cuidar al bebé y la otra podría ir a dormir a la casa de Lisa."

Acepta sus sentimientos mientras que redireccionas su conducta:
"Me doy cuenta cuánto te gustaría ir a lo de Lisa. El problema es que les diste tu palabra a los Gordons. Ellos cuentan contigo."

Dos

Todavía Estamos "Asegurándonos"

Estaba ansiosa por comenzar la reunión de esta noche. Al finalizar nuestra última sesión, Jim me había llevado aparte para expresarme su frustración por no lograr que sus hijos adolescentes hicieran lo que él quería que hicieran en el momento en que él quería que lo hicieran. Yo reconocí la dificultad y le dije que si él podía esperar con esto una semana más, trataríamos ese tema en profundidad.

Tan pronto como todos se habían reunido, escribí el tema de la noche en la pizarra:

Habilidades para Conseguir Cooperación

"Comencemos por el principio," dije. "Cuando nuestros hijos eran pequeños, utilizábamos gran parte del tiempo que pasábamos con ellos en 'asegurarnos.' Nos asegurábamos de que se lavasen sus manos, se cepillaran sus dientes, comieran su verdura, se fueran a dormir en el horario adecuado, y recordaran decir por favor y gracias.

"También nos asegurábamos de que no hicieran ciertas cosas. Nos asegurábamos de que no se escaparan corriendo a la calle, que no se trepasen a la mesa, arrojaran arena, golpearan, escupieran o mordiesen.

"Esperábamos que para cuando llegaran sus años de adolescentes, la mayor parte de las lecciones hubieran sido aprendidas. Pero para nuestra gran frustración y exasperación, nos encontramos todavía haciendo el trabajo de 'asegurarnos.' Es verdad, nuestros adolescentes ya no muerden ni se trepan a la mesa, pero la mayoría todavía necesita que se les recuerde que deben hacer la tarea escolar, hacer las tareas del hogar, comer con sensatez, bañarse periódicamente, dormir lo suficiente y levantarse a tiempo. También estamos todavía asegurándonos de que no hagan ciertas cosas. 'No te limpies tu boca con la manga'... 'No tires tu ropa en el piso'... 'No te pegues al teléfono'... '¡No uses ese tono de voz conmigo!'

"Cada hogar es diferente. Cada padre es diferente. Cada adolescente es diferente. ¿Cuáles son las cosas que ustedes sienten que necesitan 'asegurarse' que su adolescente haga o no haga en el curso de un día? Empecemos por la mañana."

Sin dudar un minuto, la gente comenzó a decir:

"Yo me aseguro de que no siga durmiendo después de que su despertador ha sonado."

"O se saltee el desayuno."

"O se ponga la misma ropa tres días seguidos."

"O que acapare el baño de modo que ninguna otra persona pueda entrar."

"O que llegue tarde a su primera clase porque otra vez perdió el autobús."

"O que empiece a pelear con su hermana."

"O que se olvide de llevar sus llaves y el dinero para el almuerzo."

"¿Y qué sucede a la tarde?" pregunté. "¿Qué cosas entran en la lista?"

"Llámame al trabajo tan pronto como llegues a casa."

"Saca a pasear al perro."

"Empieza a hacer tu tarea."

"No comas comida basura."

"No invites a ningún amigo del sexo opuesto cuando no estoy en casa."

"No te olvides de practicar piano (violín, saxofón)."

"No salgas de casa sin avisarme adonde estás yendo."

"No fastidies a tu hermana."

"Ahora es de noche," dije. "Nuevamente, cuáles son sus 'hagan' o 'no hagan' para sus adolescentes?" La gente pensó por un momento y luego . . .

"No te encierres en tu habitación. Pasa algún tiempo con la familia."

"No tamborilees sobre la mesa."

"No te hundas en la silla."

"No hables por teléfono toda la noche. Termina tu tarea."

"No estés conectado al Internet toda la noche. Termina tu tarea."

"Una vez di 'está bien' cuando te pido que hagas algo."

"Una vez respóndeme cuando te pregunto cuál es el problema."

"No uses toda el agua caliente en la ducha."

"No te olvides de ponerte tus aparatos de ortodoncia antes de irte a dormir."

"No te quedes levantado hasta tarde. Estarás exhausto por la mañana."

"Estoy exhausta de sólo oírlo," comentó Laura. "No es extraño que esté tan cansada al final del día."

"Y nunca cesa," agregó una mujer llamada Gail. "Estoy todo

el tiempo tras mis hijos—empujando, pinchando, señalándoles, para que hagan esto y aquello. Y todo ha sido peor desde mi divorcio. A veces me siento como un sargento de instrucción."

"Yo lo veo de otra manera," dijo Michael. "Pienso que estás siendo una madre responsable. Estás haciendo tu trabajo, haciendo lo que se supone que un padre tiene que hacer."

"Entonces ¿por qué es," preguntó Gail con pesadumbre, "que no hacen lo que se supone que *ellos* deberían hacer?"

"Lo que mi hija supone que debe hacer," dijo Laura, "es hacerle pasar a su madre un mal rato. Discute conmigo sobre la cosa más pequeña. Le digo, 'Por favor, saca los platos sucios de tu habitación,' y ella dice, 'Deja de molestarme. Siempre estás encima de mí.' "

Hubo murmullos de reconocimiento en el grupo.

"Entonces con adolescentes," dije, "a veces el pedido más simple, más razonable puede disparar una discusión breve o una larga batalla. Para poder entender mejor el punto de vista de nuestros hijos, pongámonos en su lugar. Veamos cómo reaccionaríamos nosotros a algunos de los métodos típicos que se usan para que los adolescentes hagan lo que nosotros queremos que hagan. Supongamos que yo soy su padre o madre. Cuando me escuchen con sus 'oídos de adolescentes,' por favor dejen salir su respuesta visceral inmediatamente, sin censura."

Aquí están las diferentes propuestas que presenté, y aquí está la forma en que 'mis chicos' reaccionaron:

Culpar y acusar: "¡Lo hiciste de nuevo! Pusiste aceite en la sartén, encendiste la hornalla al máximo y saliste de la cocina. ¿Qué pasa contigo? ¡Podrías haber producido un incendio!"

"Deja de gritarme."
"No me fui por tanto tiempo."
"Tuve que ir al baño."

Insultar: "¿Cómo puedes olvidarte de poner candado a tu bicicleta nueva? Eso fue realmente estúpido. No es extraño que te la hayan robado. ¡No puedo creer que hayas sido tan irresponsable!"

"Yo soy estúpido."
"Yo soy irresponsable."
"Yo nunca hago nada bien."

Amenazar: "Si tú crees que no es importante hacer tus tareas en la casa, entonces yo no creo que sea importante darte tu dinero semanal."

"¡Bruja!"
"Te odio."
"Voy a estar feliz cuando me vaya de esta casa."

Ordenar: "Quiero que apagues la televisión y empieces a hacer tu tarea. Deja de dar vueltas. ¡Hazla ahora!"

"No quiero hacerla ahora."
"Deja de molestarme."
"Haré mi tarea cuando esté listo."

Sermonear y moralizar: "Hay algo sobre lo que tenemos que hablar. Es acerca de tus eructos en la mesa. Puede ser que para ti sea gracioso, pero la realidad es que son malos modales. Y nos guste o no, la gente nos juzga por nuestros modales. Por lo tanto si tienes que eructar, al menos cubre tu boca con una servilleta y di, 'Disculpen.' "

"¿Qué dijiste? No te escuché."
"Me dan ganas de eructar."
"Eso es tan superficial. Puede ser que los modales sean importantes para ti, pero a mí no me importan."

Advertencias: "Te advierto. Si empiezas a salir con esa gente, vas rumbo a grandes problemas."

"No sabes nada de mis amigos."
"¿Qué es tan maravilloso acerca de tus amigos?"
"No me importa lo que dices. Sé lo que estoy haciendo."

Martirio: "Te pido que me hagas algo pequeño y es demasiado para ti. No lo entiendo. Trabajo tan duro para darte todo lo que necesitas, y ése es el agradecimiento que recibo."

"De acuerdo, entonces yo soy un chico malo."
"Es tu culpa que sea así. Tú me malcriaste."
"Me siento tan culpable."

Comparaciones: "Hay una razón por la que tu hermana recibe todas las llamadas telefónicas. Tal vez si tú hicieras un esfuerzo por ser simpático y sociable como ella, serías popular también."

"Ella es una gran falsa."
"Odio a mi hermana."
"Tú siempre la quisiste más a ella que a mí."

Sarcasmo: "De modo que planeas irte directo desde la práctica de básquetbol al baile sin bañarte. Bien, ¡vas a oler maravilloso! Las chicas van a hacer cola para estar cerca de ti."

"Ja, Ja... piensas que eres taaan graciosa."
"Tú misma no hueles muy bien."
"¿Por qué no hablas directamente y dices lo que quieres decir?"

Profecía: "Todo lo que haces es culpar a otra gente por tus problemas. Nunca asumes tu responsabilidad. Te lo garantizo, si sigues así, tus problemas sólo se pondrán peor y no tendrás a nadie a quien culpar más que a ti."

"Creo que soy exactamente un perdedor."
"Soy incurable."
"Estoy predestinado a la ruina."

"¡Basta! Me está dando un ataque de culpa," gritó Laura. "Eso es tan parecido a la clase de cosas que le digo a mi hija. Pero ahora, cuando escucho como un chico, odio la forma en que se oye. Todo lo que escuché me hizo sentir muy mal conmigo misma." Jim parecía angustiado.

"¿En qué estás pensando?" le pregunté.

"Estoy pensando que todo lo que has mostrado me suena tan dolorosamente familiar. Como lo mencioné la semana pasada, mi padre nunca dudó en humillarme. Yo trato de ser diferente con mis propios chicos, pero a veces oigo cómo sus palabras salen volando de mi boca."

"¡Es cierto! A veces siento como si me estuviera convirtiendo en mi madre," dijo Karen. "Y eso es algo que juré que nunca haría."

"Bien, así que ahora sabemos qué cosas *no* debemos decir," dijo Gail. "¿Cuándo llegamos a lo que *sí* podemos decir?"

"Justo ahora," respondí, levantando las ilustraciones que había preparado. "Pero antes de que las distribuya, tengan presente en sus cabezas que ninguna de las habilidades de comunicación que van a ver funciona siempre. No hay palabras mágicas que se puedan aplicar a todos los adolescentes en todas las situaciones. Ésa es la razón por la que es importante estar familiarizado con una variedad de habilidades. De cualquier modo, mientras que vayan mirando estas páginas, verán que el principio básico que subyace a todos estos ejemplos es el respeto. Es nuestra actitud respetuosa y nuestro lenguaje respetuoso lo que hace posible que nuestros adolescentes nos escuchen y cooperen."

En Lugar de Dar Órdenes . . .

Las órdenes a menudo producen enojo y resistencia.

Describe el Problema

Describiendo el problema, invitamos a los adolescentes a volverse parte de la solución.

En Lugar de Atacar al Adolescente . . .

Cuando estamos enojados, a veces hostigamos a nuestros adolescentes con palabras que los atacan o los humillan. ¿Resultado? Ellos se van o contraatacan.

Describe lo que Sientes

Cuando describimos lo que sentimos, es más fácil para los chicos escucharnos y respondernos con deseos de colaborar.

En Lugar de Culpar . . .

Cuando los adolescentes son acusados, usualmente se ponen a la defensiva.

Da Información

Cuando se les da información, simple y respetuosamente, es más probable que asuman responsabilidad por lo que necesitan hacer.

En Lugar de Amenazas u Órdenes . . .

Muchos adolescentes reaccionan a las amenazas con un desafío o una sumisión huraña.

Ofrece una Elección

Tenemos una mejor chance de conseguir cooperación si podemos ofrecer una elección que satisfaga nuestras necesidades y las de ellos.

En Lugar de un Largo Discurso . . .

Los adolescentes tienden a desconectarse de los largos discursos.

Dilo con una Palabra

Un corto recordatorio focaliza la atención y es más probable que comprometa a la cooperación.

En Lugar de Señalar lo que Está Mal . . .

Los adolescentes tienden a desconectarse de los comentarios críticos.

Expresa tus Valores y/o tus Expectativas

Cuando los padres expresan sus expectativas, clara y respetuosamente, es más probable que los adolescentes escuchen y traten de vivir a la altura de esas expectativas.

En Lugar de Enojosas Reprimendas . . .

Los adolescentes pueden ser especialmente sensibles a la desaprobación de sus padres.

Substituyendo la crítica por el humor, cambiamos la disposición del ánimo y alentamos en todos el espíritu de juego.

En Lugar de Fastidiar . . .

Algunos adolescentes son lentos para responder a un recordatorio razonable.

Dilo por Escrito

A menudo la palabra escrita logra lo que la palabra dicha no puede.

Los comentarios volaron mientras que la gente pasaba las páginas y estudiaba los dibujos:

"Esto no es sólo para adolescentes. No me molestaría si mi esposo utilizara algo de todo esto *sobre* mí."

"*¿Sobre* ti?"

"Bien, *conmigo. Para* mí. El punto es que probablemente mejoraría muchos matrimonios."

"Apostaría a que hay gente que miraría estas habilidades y diría, 'No hay nada nuevo aquí. Esto es sólo sentido común.' "

"Pero no es común. Si lo fuera, no estaríamos todos nosotros aquí esta noche."

"Nunca podré acordarme de todo esto. Voy a pegar estos dibujos del lado de adentro de las puertas de mi ropero."

Un padre que era nuevo en el grupo y que no había hablado antes, levantó su mano. "Hola, soy Tony, y sé que probablemente debería mantener la boca cerrada porque no estuve aquí la semana pasada. Pero para mí estos ejemplos sólo muestran cómo manejar situaciones comunes, simples y cotidianas—una mochila sucia, una camisa desgarrada, malos modales en la mesa. Vine hoy aquí porque pensé que íbamos a aprender a manejar el tipo de cosas que los adolescentes hacen que preocupan demasiado a sus padres, como fumar, tomar alcohol, el sexo, consumir drogas."

"Ésas son las mayores preocupaciones hoy en día," acordé. "Pero *es la forma en que manejamos las 'situaciones comunes, simples y cotidianas' lo que crea la base para manejar 'las grandes situaciones.'* Es la forma en que nos manejamos con la mochila sucia o la camisa desgarrada o los malos modales en la mesa la que nos permitirá mejorar una relación o empeorarla. Es la forma en que respondemos a los altos y bajos de nuestros hijos lo que puede provocar que se aparten de nosotros o se acerquen. Es la forma en que reaccionamos a lo que han hecho o no han hecho lo que puede suscitar enojo o crear confianza y fortalecer su conexión con nosotros. Y a veces es solamente esa conexión lo que puede mantener a salvo a nuestros adolescentes. Cuando estén tentados, con conflictos o confundidos, sabrán a dónde recurrir para encontrar alguna guía. Cuando las voces dañinas de la cultura popular los llame a gritos, ellos tendrán otra voz dentro de sus cabezas—la de ustedes—con sus valores, su amor, su fe en ellos."

Después de un largo silencio, Tony preguntó, "¿Se acabó nuestra reunión?"

Miré el reloj. "Casi," le dije.

"Bien," dijo, saludando con su juego de ilustraciones, "porque voy a probar algo de esto esta noche, y quiero llegar a casa mientras los chicos estén levantados."

Las Historias

En las siguientes historias, ustedes verán cómo los padres usaron sus nuevas habilidades por separado, combinadas, y a veces en situaciones que iban más allá de las "simples situaciones cotidianas."

Gail

La última sesión fue hecha a medida para mí. Estoy recientemente divorciada, he empezado a trabajar tiempo completo, y si hay algo que necesito desesperadamente en este momento es colaboración. Mis dos hijos varones son adolescentes, pero nunca han sido grandes colaboradores—lo que sé que es mi culpa porque detesto regañar, de modo que siempre termino haciendo las cosas yo misma.

En todo caso, el sábado a la mañana los senté a los dos y les expliqué que era imposible que yo pudiera ir a mi trabajo y seguir haciendo todo lo que hacía antes. Les dije que necesitaba que ellos se pusieran manos a la obra, y que ahora todos teníamos que tirar hacia adelante juntos como una familia. Después hice una lista de todas las tareas que debían hacerse en la casa y les pedí a cada uno que eligiera tres tareas cualesquiera de las que quisiesen hacerse responsables. Sólo tres. Ellos podrían incluso cambiar las tareas al final de cada semana.

Su primera reacción fue típica. Grandes quejas en voz alta acerca de toda la presión a la que estaban sometidos en la escuela y acerca del hecho de que "nunca tenían tiempo para nada." Pero finalmente cada uno de ellos se anotó en tres tareas. Pegué la lista sobre la refrigeradora y les dije que era un gran alivio para mí pensar que cuando regresara a casa del trabajo encontraría que ya se había hecho el lavado de ropa, que habían vaciado la lavadora de platos, y la mesa estaría limpia y tendida para la cena.

Bien, eso no es exactamente lo que sucedió. Pero han estado haciendo algunas de las tareas, a veces. Y cuando no lo hacen, yo sólo señalo la lista y se ponen en marcha. Si hubiera sabido esto años atrás . . .

Laura

Mi hija tiene una nueva forma de hacerme saber que he hecho algo que le "disgusta." Deja de hablarme. Si me animo a preguntarle qué está tan mal, se encoge de hombros y mira el techo, cosa que me enfurece.

Pero después de la reunión de la semana pasada, yo estaba entusiasmada, decidida a probar algo diferente. Ella estaba sentada a la mesa de la cocina comiendo algo cuando yo entré. Tomé una silla y le dije, "Kelly, no me gusta lo que ha estado sucediendo entre nosotras."

Se cruzó de brazos y miró para otro lado. No dejé que eso me detuviese. Dije, "Yo hago algo que a *ti* te enoja; tú dejas de hablarme, lo que me enoja a *mí;* entonces yo termino gritándote, lo que te enoja a ti aun más. De modo que, Kelly, de lo que me doy cuenta ahora es que necesito que me digas directamente si algo te está molestando."

Ella se encogió de hombros y miró para otro lado nuevamente. Esta chica no me iba a hacer las cosas fáciles.

"Y si eso es demasiado difícil," dije, "entonces al menos dame una señal, algún tipo de señal. No me importa qué. Golpea la mesa, sacude un repasador, ponte un poco de papel higiénico sobre tu cabeza. Cualquier cosa."

Ella dijo, "Oh, mami, no seas loca," y salió de la habitación.

Pensé, *Realmente parezco loca,* pero unos minutos más tarde regresó a la cocina con una mirada extraña en su rostro y algo blanco sobre su cabello. Dije, "¿Qué es eso sobre tu . . . ? Ah, bien . . . papel higiénico." Ambas empezamos a reírnos. Y por primera vez en un largo tiempo realmente hablamos.

Joan

Anoche mi hija de quince años anunció que quería ponerse un aro en su nariz. Me puse frenética. Comencé a gritarle. "¿Estás fuera de juicio? Dios te ha dado una hermosa nariz.

¿Por qué quieres hacerle un agujero? ¿Por qué quieres mutilarte? Ésa es la idea más estúpida que he oído."

Ella me contestó gritando. "¡Todo lo que quiero es un pequeño arete en mi nariz! Deberías ver lo que tienen otros chicos. ¡Kim tiene un clavo en su lengua, y Briana tiene un aro en su ceja, y Ashley tiene uno en su ombligo!"

"Bien, ellas son estúpidas también," dije.

"No puedo hablar contigo. Tú no entiendes nada," gritó y se fue de la habitación dando fuertes pisotones.

Sólo me quedé allí y pensé, *Y yo soy la madre que está yendo a una clase de comunicación. ¡Maravilloso!* Pero no me iba a dar por vencida. Sólo necesitaba una mejor forma de comunicarme con ella.

De modo que fui al Internet para ver qué podía encontrar acerca de la perforación del cuerpo. Bien, resultó que en mi condado es ilegal para cualquier chico menor de dieciocho años tener el cuerpo perforado, grabado o tatuado sin una nota escrita de un padre o tutor legalizada por un notario. La única excepción era la perforación de las orejas. Y había toda una sección sobre todas las enfermedades que podrías contagiarte a través de instrumentos sucios o por malas condiciones sanitarias—hepatitis, tétano, infecciones, furúnculos . . .

Bien, cuando ella finalmente salió de su habitación, le dije que realmente lamentaba lo que había dicho sobre ella y sobre sus amigas, pero que había información en el Internet que yo pensaba que ella debería ver. Después le señalé la pantalla.

Ella la miró y dijo, "Nadie que yo conozca se enfermó nunca. De todos modos, estoy dispuesta a tomar el riesgo."

Yo dije, "El problema es que *yo* no tengo deseos de tomar el riesgo. Tu salud es demasiado importante para mí."

Ella dijo, "Está bien, entonces iré a un médico común para que él lo haga. Todo lo que tú tienes que hacer es darme un permiso por escrito."

Dije, "Yo no puedo ir adelante con eso. Mi objeción inicial todavía se mantiene. Además, yo me conozco. Sólo ver a mi hija dando vueltas por ahí con un aro asomando de su nariz sería extremadamente preocupante para mí. Y no quiero estar preocupada cada vez que te mire. Cuando cumplas los dieciocho, si todavía es importante para ti, puedes decidir si quieres o no hacerlo."

Bien, ella no estaba exactamente emocionada con mi decisión, pero parece haberla aceptado. Al menos por ahora.

Tony

Mi hijo de catorce años, Paul, da vueltas por la casa como si estuviera ausente, en otro mundo. Si le pido que haga algo, dice, "Sí, claro, Papi," y ahí se termina. Mis palabras entran por un oído y salen por el otro. Así que el fin de semana pasado "hice lo inesperado." Dos veces.

Primera vez: en voz alta y con voz como del Conde Drácula, dije: *"Quieroo* que saques la *basuuura."* Me miró entrecerrando los ojos. "Y *noo* me hagas *esperaar,"* dije. *"¡Esperaar* me *enfurece!"*

Se rió y dijo, *"Bieen, entoonces* es *mejoor* que lo *haaga."*

Segunda vez: Vi un recipiente con restos de cereal en el piso de su habitación. Lo señalé y dije con mi voz, "Paul, ¿sabes lo que es eso?"

El dijo, "Sí, un tazón."

Le dije, *"Noo.* Es una invitación a una fiesta."

"¿Una qué?"

"Una invitación a todas las cucarachas del barrio a entrar a la habitación de Paul a darse la gran fiesta."

Hizo una sonrisa de aprobación. "Está bien, Papi, entendí el mensaje," y él realmente levantó el tazón y lo llevó a la cocina.

Sé que "hacerlo gracioso" no funcionará siempre. Pero es lindo cuando da resultado.

Michael

Mi hija me impactó con una buena esta semana. Me dijo, "Ahora, Papi, voy a pedirte algo y no quiero que te horrorices y digas que no. Sólo escucha."

"Estoy escuchando," le dije.

"Para la fiesta de mis dieciséis años, quiero servir vino. Ahora, antes de que te exaltes totalmente, tienes que saber que un montón de chicos de mi edad sirven vino en sus fiestas de cumpleaños. Es una forma de hacer que sea una noche especial."

Ella debió de haber leído la desaprobación en mi cara porque siguió adelante con su campaña. "Está bien, tal vez vino no, pero si no puedo ofrecer ni siquiera cerveza, nadie querrá venir. En realidad, yo no tendría que proveerla, si mis amigos pudieran traerla, estaría bien. Dale, Papi. No es mucho. Nadie se pondrá ebrio. Te lo prometo. Sólo queremos divertirnos."

Estuve a punto de darle un no rotundo, pero en cambio le dije, "Jenny, veo que es importante para ti. Necesito pensarlo."

Cuando le dije a mi esposa lo que Jenny quería, ella fue directo a las notas que había tomado la semana pasada y señaló el "ponerlo por escrito." Dijo, "Si lo escribes, lo leerá. Si lo dices, discutirá contigo."

Aquí está la carta que escribí:

Querida Jenny,

Tu madre y yo hemos pensado seriamente acerca de tu pedido de que se sirva vino en tu fiesta de cumpleaños. Por las siguientes razones, no podemos decir que sí.

1. *En este Estado es ilegal servir alcohol a cualquier persona menor de veintiún años.*
2. *Si ignorásemos la ley y alguien de tu fiesta tuviera un accidente de auto en su camino a casa, nosotros, como padres tuyos, seríamos legalmente responsables. Y aun más importante, nos sentiríamos moralmente responsables.*
3. *Si mirásemos para otro lado y dejáramos que tus amigos trajeran su propia cerveza, en efecto estaríamos diciendo, "Está bien que ustedes, chicos, infrinjan la ley con tal de que nosotros como padres simulemos que no sabemos qué está sucediendo." Eso sería deshonesto e hipócrita.*

Tu cumpleaños número dieciséis es un hito. Charlemos para decidir cómo podemos celebrar la ocasión de forma segura, legal y divertida para todos.

Con amor,
Papi

Pasé la carta por debajo de su puerta. Nunca la mencionó, pero más tarde ese día, después de algunas llamadas telefónicas con sus amigos, se acercó a nosotros con algunas propuestas que "podrían ponerse en práctica para no tener bebidas 'reales' "—un imitador de Elvis, una fiesta de karaoke, o alguien que hiciera horóscopos.

Todavía está todo en discusión. Pero una cosa que mi esposa y yo sabemos es que cualquier cosa que se decida, planeamos estar ahí esa noche. Hemos oído que a veces los chicos dejan la fiesta, agarran algunas bebidas que han escondido en el auto, y regresan—todos sonrientes e inocentes. También hemos oído de chicos que traen su propia agua en botella a la fiesta, sólo que el "agua" es realmente vodka o gin. De modo que no, no seremos entrometidos. Trataremos de ser discretos. Pero mantendremos nuestros ojos abiertos.

Linda

¿Recuerdan que les dije que pegaría los dibujos del lado de adentro de mi guardarropa? Bien, eso es lo que hice. Y fue una gran ayuda. En cualquier momento en que estaba a punto de gritarles a los chicos durante la semana, me contenía, iba a mi habitación, abría el guardarropa, repasaba los dibujos, y aunque mi situación fuera diferente, de ese modo se me ocurría una mejor idea de cómo manejarla.

Pero el viernes pasado a mi hijo se le hizo tarde para la escuela, lo que significaba que yo llegaría tarde al trabajo. Y perdí mi paciencia. "Tienes trece años y todavía no tienes sentido del tiempo. ¿Por qué siempre me haces esto? Te compré un reloj nuevo. ¿Alguna vez lo usas? No. ¡Y no te atrevas a irte mientras te estoy hablando!"

Él se detuvo, me lanzó una mirada, y dijo, "Má, ¡ve a leer tu puerta!"

Para Conseguir la Colaboración de un Adolescente

En lugar de ordenar ("¡Baja el volumen de esa músical! ¡Y quiero decir *ahora!*"), tú puedes:

Describir el problema: "No puedo pensar o mantener una conversación cuando la música está atronando."

Describir cómo te sientes: "Lastima mis oídos."

Dar información: "La exposición frecuente a sonido alto puede dañar la audición de una persona."

Ofrecer una elección: "¿Qué prefieres hacer: poner bajo el volumen o bajarlo un poquito y cerrar la puerta?"

Decirlo en una palabra: "¡El volumen!"

Expresar tus valores y/o expectativas: "Todos necesitamos adaptarnos a la tolerancia de los otros a la música alta."

Hacer lo inesperado: Pon tus manos sobre tus orejas, haz el gesto de bajar el volumen, pon las manos juntas, e inclínate en un gesto de gratitud.

Decirlo por escrito: La música tan alta
Puede ser buena para una multitud
Pero para sólo tú y yo
Es demasiado, demasiado
¡ALTA!

Tres

Castigar o no Castigar

Nuestra tercera sesión no había comenzado aún. La gente estaba todavía apiñada en pequeños grupos, profundamente absorta en conversaciones. Algunas frases llegaban a mis oídos.

"Después de lo que hizo, ¡la voy a poner en penitencia por todo el mes!" "Lo mismo me dije a mí mismo, ya no más Señor Buena Gente. He sido demasiado blando con este chico. Esta vez va a recibir un castigo."

Bien, pensé para mí misma, *no hemos hablado acerca del castigo todavía, pero parece que algunos de ellos están más que listos.*

"Laura, Michael," dije. "¿Les gustaría compartir con todos nosotros qué es eso que sus chicos hicieron que los enojó tanto a ustedes?"

"Yo no estaba sólo enojada," Laura estalló. "¡Yo estaba terriblemente preocupada, estaba agonizando! Esperaban a Kelly en la fiesta de cumpleaños de su amiga Jill a las seis de la tarde. A las siete recibí un llamado de la mamá de Jill. '¿Dónde está Kelly? Ella sabía que debíamos estar en la cancha de boliche a las siete y media. Estaba en la invitación. Ahora estamos todos con nuestros abrigos puestos esperándola.'

"Mi corazón comenzó a latir con violencia. Dije, 'No entiendo. Salió de casa con mucho tiempo. Debería haber llegado allí hace un largo rato.'

" 'Bien, estoy segura de que no hay nada de que preocuparse. Ahora sólo espero que llegue aquí pronto,' dijo la mamá de Jill, y cortó.

"Hice un esfuerzo para poder esperar quince minutos antes de llamar. Jill respondió el teléfono. 'No, Kelly no está aquí todavía. Y yo inclusive le pedí hoy en la escuela que no llegara tarde.'

"Ahora yo realmente estaba en pánico. Por mi mente pasaban imágenes horribles. Veinte agonizantes minutos más tarde sonó el teléfono. Era la mamá de Jill. 'Pensé que te gustaría saber que Kelly ha llegado finalmente. Evidentemente se encontró con algún chico en el camino hacia aquí y estuvo tan ocupada hablando con él que se olvidó que la estábamos esperando. Sólo espero que no hayamos perdido nuestra reserva en la cancha de boliche.'

"Me disculpé por mi hija y le agradecí que me hubiese llamado. Pero cuando Kelly volvió después de la fiesta, me lancé sobre ella: '¿Te das cuenta lo que me hiciste pasar? ¿Cómo pudiste ser tan desconsiderada? ¿Cómo pudiste ser tan irresponsable? Nunca piensas en nadie más que en ti. Era el *cumpleaños* de Jill. Pero tú, ¿sentiste alguna obligación hacia ella? ¡No! Todo lo que te importa son los chicos y divertirte. Bien, la diversión se terminó, jovencita. ¡Estás castigada por el resto del mes! Y no creas que voy a cambiar de idea porque no lo haré.'

"Bien, eso es lo que le dije en ese momento. Pero ahora no sé... Tal vez estuve demasiado dura con ella."

"Me parece," comentó Michael, "que Kelly recibió exactamente lo que merecía. Y eso también le sucedió a mi hijo."

Todas las cabezas giraron hacia él "¿Qué sucedió?" preguntó alguien. "¿Qué hizo?"

"Se trata de lo que no ha estado haciendo," respondió Michael. "Es decir, su tarea escolar. Desde que Jeff se integró al equipo, por lo único que se preocupa es por el fútbol. Todos los días llega a casa tarde después de la práctica, desaparece dentro de su habitación después de la cena, y cuando le pregunto si está al día con su tarea, dice, 'No te preocupes, Papi, estoy al día!'

"Bien, el domingo, mientras que Jeff no estaba en casa, pasé por la puerta de su habitación y vi una carta en el suelo cerca de la puerta. La levanté y vi que estaba dirigida a mí. Había sido abierta y estaba fechada una semana atrás. ¿Adivinen qué? Era una nota de aviso de su profesor de matemáticas. Jeff no había entregado ningún trabajo—*ninguno*—en las últimas dos semanas. Cuando vi eso, se me subió la sangre.

"Tan pronto como traspasó la puerta, yo estaba listo para él. Levanté la carta y dije, 'Me mentiste cada vez que te pregunté sobre tu tarea. Abriste correspondencia que estaba dirigida a mí. Y nunca me mostraste esta nota de aviso. Bien, tengo noticias para usted, señor. No hay más fútbol para ti por el resto del semestre. Voy a llamar al entrenador mañana.'

"Él dijo, 'Papi, ¡no me puedes hacer eso!'

"Le dije, 'Yo no te estoy haciendo nada, Jeff. Tú te lo has hecho a ti mismo. Caso cerrado.' "

"¿Pero está realmente cerrado?" preguntó Laura.

"Jeff piensa que no es así. Ha estado trabajándome toda la semana para lograr que yo cambie de idea. También lo ha estado haciendo mi esposa." Michael la miró intencionadamente. "Ella piensa que estoy siendo demasiado severo. ¿No es cierto, querida?"

"¿Qué piensas tú?" le pregunté a Michael.

"Pienso que Jeff sabe ahora que hablo en serio."

"Sí," Tony estuvo de acuerdo. "A veces el castigo es la única forma de lograr que un chico se forme, que sea más responsable."

"Me pregunto," me dirigí al grupo, "si el castigo hace más responsable a un chico. Tómense un momento y piensen en sus propias experiencias cuando estaban creciendo."

Karen fue la primera en responder. "El castigo me hizo menos responsable. Cuando tenía trece años, mi madre me sorprendió con un cigarrillo y me quitó el permiso para hablar por teléfono en casa. Así que yo fumaba aun más. Sólo que lo hacía en el patio de atrás donde nadie podía verme. Después entraba, me cepillaba los dientes y decía, 'Hola Mami,' con una gran sonrisa. La engañé por años. Desafortunadamente, todavía fumo."

"No lo sé," dijo Tony. "Para mi forma de pensar, hay un momento y un lugar para el castigo. Mi caso, por ejemplo. Yo era un mal chico. La gente con la que yo salía solía meterse en muchos problemas. Éramos un grupo salvaje. Uno de los muchachos terminó en la cárcel. Lo juro, si mi padre no me hubiese castigado por algunas de las cosas que hice, no sé dónde estaría hoy."

"Y yo no sé dónde *estaría yo* hoy," dijo Joan, "si no hubiera hecho terapia para ayudarme a contrarrestar los efectos de haber sido castigada tantas veces."

Tony pareció espantado por su comentario. "No lo entiendo," le dijo.

"Ambos, mi padre y mi madre," explicó Joan, "creían que si un niño hacía algo incorrecto y tú no lo castigabas, no eras un padre responsable. Y siempre me decían que me estaban castigando por mi propio bien. Pero no era bueno para mí. Me volví una adolescente enojada, deprimida, que no tenía confianza en sí misma. Y no había nadie con quien pudiera hablar en casa. Me sentía muy sola."

Me descubrí a mí misma suspirando. Lo que la gente acababa de describir eran todas secuelas comunes del castigo. Sí, algunos chicos se desalientan tanto con el castigo y se sienten tan impotentes que comienzan a perder la fe en sí mismos.

Y sí, algunos niños, como Tony, llegan a la conclusión de que son realmente "malos" y necesitan ser castigados para volverse "buenos."

Y sí, algunos, como Karen, se enojan y resienten tanto que continúan con su conducta y encuentran formas de no ser sorprendidos. Se vuelven, no más honestos, sino más cuidadosos, más reservados, más astutos.

Y aun así el castigo es ampliamente aceptado como un método preferible de disciplina. En realidad, muchos padres entienden que la disciplina y el castigo son una y la misma cosa. ¿Cómo podía hacer para compartir mi convicción de que *en una relación amorosa no hay lugar para el castigo?*

Dije en voz alta, "Si de algún modo fuésemos forzados a eliminar el castigo como herramienta disciplinaria, ¿seríamos totalmente impotentes? ¿Nuestros adolescentes dominarían el gallinero? ¿Se volverían salvajes, indisciplinados, ensimismados, mocosos malcriados carentes de todo sentido de lo correcto y lo incorrecto, que tratarían a patadas a sus padres? ¿O habría otros métodos distintos al castigo que podrían motivar a nuestros adolescentes a comportarse responsablemente?"

Sobre la pizarra escribí:

Alternativas al Castigo

- Expresa tus sentimientos.
- Expresa tus expectativas.
- Muestra cómo compensar.
- Ofrece una elección.
- Actúa.

Les pregunté a Laura y a Michael si les gustaría tratar de aplicar estas habilidades a sus situaciones actuales con sus hijos. Ambos estuvieron de acuerdo en enfrentar el desafío. En las siguientes páginas ustedes verán, en forma de historietas, los resultados de nuestra lucha para encontrar argumentos que satisfarían las nuevas pautas. Primero consideramos cómo Laura podía manejarse con su hija Kelly, cuya despreocupación por el tiempo le había causado tanta inquietud a su madre.

Alternativas al Castigo

Expresa tus Sentimientos

Expresa tus Expectativas

Muestra cómo Compensar

Ofrece una Alternativa

Pero supongamos que Kelly repite su falta. Supongamos que Mamá recibe otra llamada de "¿Dónde está Kelly?" La próxima vez que Kelly quiera visitar a una amiga, la mamá puede

Actuar

El grupo estaba impresionado. Sobrevinieron muchos comentarios:

"Yo temía cuando primero hablaste acerca de alternativas al castigo que se tratara de alguna forma de táctica débil en la cual el padre le da al chico un regañito y el chico se sale con la suya. Pero esto es fuerte. Dices lo que sientes y cuáles son tus expectativas y le ofreces una forma de hacerse responsable de su conducta."

"Y no estás siendo mala o dura o haciendo que la chica se sienta una mala persona. Estás siendo firme pero respetuosa. Respetuosa hacia ella y respetuosa hacia ti misma."

"Sí, no eres tú, el padre o la madre, quien es el enemigo. Tú estás del lado del chico, pero exigiéndole un nivel de conducta más alto."

"Y mostrándole cómo alcanzarlo."

"Y no le estás dando el mensaje 'Yo tengo todo el poder sobre ti. No permitiré que hagas esto . . . Te quitaré aquello.' Por el contrario, estás poniendo el poder de nuevo en las manos del adolescente. El próximo paso le corresponde a Kelly. Depende de ella resolver exactamente qué puede hacer ella para darle tranquilidad a su mamá—como llamar si está demorada, y llamar cuando llega, y asegurarse de llamar nuevamente antes de partir hacia su casa."

Laura gimió y se puso su mano en la cabeza. "No lo sé," dijo. "Resolverlo aquí con todos ustedes, casi me siento confiada. Pero, ¿qué sucede cuando estoy enfrentada con la cosa real? Este método tiene un montón de demandas sobre un padre. Significa tener una actitud totalmente diferente. La verdad es que castigar a un chico es mucho más fácil."

"Más fácil en ese momento," estuve de acuerdo. "Pero si te propones ayudar a tu hija a que asuma responsabilidad y al mismo tiempo mantener una buena relación con ella, entonces castigarla sería como autoderrotarse.

"Pero estás en lo cierto en un punto, Laura. Este acercamiento realmente requiere un cambio en nuestro pensamiento. Supongamos que tenemos más práctica. Veamos cómo estas habilidades pueden ser aplicadas al problema que Michael está teniendo con su hijo."

Alternativas al Castigo

Expresa tus Sentimientos

Expresa tus Expectativas

Muestra cómo Compensar

Ofrece una Opción

¿Qué sucede si Jeff hace su tarea, se pone al día con todos los trabajos encargados pero poco a poco desatiende su trabajo escolar nuevamente? Papá puede entonces:

Actuar

Tony negó con la cabeza. "Tal vez haya algo que me esté perdiendo, pero no veo la diferencia entre 'actuar' y castigar a Jeff. De cualquiera de las dos formas su papá lo está sacando del equipo."

"Espera, creo que finalmente estoy empezando a entenderlo," dijo Laura, volviéndose hacia Tony. "Cuando castigas a un chico, le cierras la puerta. No tiene lugar a dónde ir. Es asunto terminado. Pero cuando actúas, al chico puede no gustarle la acción, pero la puerta está todavía abierta. Él todavía tiene una posibilidad. Puede enfrentar lo que hizo y tratar de repararlo. Puede convertir lo que estaba 'mal' en algo que esté 'bien.' "

"Me gusta la forma en que lo expresaste, Laura," le dije. "Nuestro objetivo cuando actuamos no es sólo poner fin a una conducta inaceptable sino darles a nuestros chicos la posibilidad de aprender de sus errores. Una posibilidad de corregir sus errores. El castigo puede detener la conducta, pero también puede impedir que los chicos aprendan a auto corregirse."

Miré a Tony. Todavía parecía escéptico. Continué, decidida a hacerle entender. "Me imagino que el adolescente que ha sido castigado por una semana no se tiende en su habitación y piensa, *Oh, que afortunado soy. Tengo padres tan maravillosos. ¡Me acaban de dar una lección muy valiosa. Nunca lo volveré a hacer!* Es muchísimo más probable que el joven esté pensando, *Son malos,* o *Son injustos,* o *Los odio,* o *Me las van a pagar,* o *Lo volveré a hacer—sólo que la próxima vez me aseguraré que no me pillen.*"

El grupo estaba escuchando atentamente ahora. Traté de resumir. "Tal como lo veo yo, el problema con el castigo es que hace que sea muy fácil para el adolescente ignorar su mal comportamiento y focalizar, en cambio, en cuán injustos son sus padres." Lo que es peor aun, lo exime del trabajo que necesita hacer para volverse más maduro. Más responsable.

"¿Qué deseamos que suceda después de que un chico ha trasgredido? Deseamos que se fije en que hizo que estuvo mal. Que entienda por qué estuvo mal. Que lamente haber hecho lo que hizo. Que decida cómo se asegurará de que no vuelva a suceder. Y que piense seriamente cómo podría reparar lo que ha hecho. Es decir, *para que un cambio real tenga lugar, nuestros adolescentes necesitan hacer el trabajo emocional. Y el castigo interfiere en ese importante proceso.*"

La sala estaba en silencio. ¿Qué estaban pensando? ¿Todavía tenían dudas? ¿Había sido clara? ¿Podían aceptar lo que habían oído? Miré mi reloj. Era tarde. "Trabajamos muy duro aquí esta noche," dije. "Los veré a todos la semana que viene."

Tony levantó su mano. "Una última pregunta," dijo.

"Adelante," asentí con la cabeza.

"¿Qué sucede si usamos todas las habilidades sobre las que trabajamos esta noche y el chico no responde? Supongamos que no sabe cómo hacer lo que tú llamas 'auto-corrección' ¿Qué hacemos entonces?"

"Entonces ésa es una indicación de que el problema necesita más trabajo. Que es más complejo de lo que parecía originalmente y que necesitas dedicarle más tiempo y reunir más información."

Tony parecía perplejo. "¿Cómo?"

"A través de lo que llamaremos 'solucionando el problema.' "

"¿Solucionando el problema?"

"Es un proceso sobre el que hablaremos la próxima semana. Trabajaremos sobre formas en las que los padres y los chicos unen fuerzas, exploran posibilidades y solucionan el problema juntos."

Por primera vez esa noche Tony sonreía. "Me parece bien," dijo. "Ésta es una reunión que no me perderé."

Las Historias

Durante la semana que siguió a nuestra sesión sobre alternativas al castigo, varias personas informaron cómo habían puesto sus nuevas habilidades en acción. Esta primera historia fue contada por Tony acerca de su hijo Paul de catorce años.

Tony

Paul y su amigo Matt llegaron corriendo por el camino de entrada desde el garaje, sin respiración, sonriendo de oreja a oreja. Les dije, "¿Qué pasa, chicos?" Ellos dijeron, "Nada," y se miraron uno a otro y rieron. Después Matt le susurró algo a Paul y salió volando.

"¿Qué te dijo que no me dijeras?" le pregunté a Paul. No respondió. Entonces dije, "Sólo dime la verdad. No te castigaré."

Finalmente, conseguí que confesara. La historia era que él y Matt habían ido en bicicleta hasta la piscina comunitaria a nadar, pero estaba cerrada esa noche. Así que probaron todas las puertas, encontraron una que no estaba cerrada con llave, y entraron. Entonces encendieron todas las luces y empezaron a dar vueltas corriendo por todos lados, jaraneando, tirando al suelo todas las sillas del salón, arrojando almohadones por todos lados, incluso dentro de la piscina. Y para ellos eso era una gran broma.

El chico tuvo suerte que yo le haya prometido no castigarlo, porque créanme, cuando oí lo que había hecho, quería castigarlo severamente—cortarle su dinero semanal, quitarle la computadora, castigarlo indefinidamente—cualquier cosa que le borrase esa estúpida sonrisa de su cara.

Le dije, "Escúchame, Paul. Esto es serio. Lo que ustedes hicieron tiene un nombre. Se llama vandalismo."

Su cara se puso roja. Gritó, "¿Ves? Yo *sabía* que no debía contarte. Yo *sabía* que tú harías un gran asunto de esto. ¡No es como haber robado algo o haber orinado en la piscina!"

"Bien, felicitaciones por eso," le dije, "pero, Paul, *es* un gran asunto. Muchas personas en esta comunidad se rompieron el alma para reunir dinero para construir una piscina para sus familias. Están orgullosos de eso, y trabajan duro para mantenerla. Y también sucede que ésa es la pileta en la tú aprendiste a nadar."

Paul dijo, "¿Qué estás tratando de hacer? ¿Hacerme sentir culpable?"

"Puedes estar seguro que sí," dije, "porque lo que hiciste estuvo mal y ahora necesitas enmendarlo."

"¿Qué quieres que haga?"

"Quiero que vuelvas a la piscina—ahora—y pongas todo en su lugar, tal como lo encontraste."

"¿Ahora? . . . ¡Yo acabo de llegar a casa!"

"Sí, ahora. Yo te llevaré en auto."

"¿Qué hay de Matt? Fue su idea. ¡Él debería venir también! Lo voy a llamar."

Bien, él lo llamó, y al principio Matt dijo, "De ninguna manera," que su madre lo mataría si descubría la verdad. De modo que yo tomé el teléfono. Le dije, "Matt, ustedes dos lo hicieron, y los dos necesitan repararlo. Te pasaré a buscar en diez minutos."

En fin, llevé a los chicos de vuelta a la piscina. Por fortuna la puerta estaba todavía abierta. El lugar era un caos. Les dije a los chicos: "Ustedes saben qué tienen que hacer. Los esperaré en el auto."

Aproximadamente veinte minutos más tarde, salieron y dijeron, "Hicimos todo. ¿Quieres ver?" Les dije, "Sí, quiero," y entré para controlar.

Bien, todo el lugar estaba en orden. Las sillas del salón estaban alineadas, y los almohadones estaban puestos nuevamente en su lugar. Les dije, "Bien. Todo luce normal. Apaguen las luces y vámonos."

En el camino a casa los chicos estaban silenciosos. No sé qué sintió Matt, pero pienso que Paul finalmente entendió que él no debería haber hecho lo que hizo. Y pienso que estaba contento de haber tenido la posibilidad de, como tú dices, "compensar."

Joan

Yo estaba preparando la cena cuando Rachel entró a la cocina. Miré una sola vez sus ojos rojos enrojecidos y su sonrisa aletargada, y me di cuenta que estaba drogada. No estaba segura de que fuera marihuana, pero deseaba que no fuera nada peor.

Dije, "Rachel, estás drogada."

Ella dijo, "Tú estás todo el tiempo imaginándote cosas acerca de mí," y se metió a su habitación.

Yo sólo me quedé allí. No podía creerlo. Ésta era la misma chica que sólo un mes atrás me había confiado, "Jura que no se lo dirás a nadie, Mami, pero Louise empezó a fumar marihuana. ¿Puedes creerlo? ¿No es terrible?"

Recuerdo que pensé *Gracias a Dios que no es mi hija.* ¡Y ahora esto! No sabía qué hacer. ¿Debía castigarla? ¿No permitirle ir a ningún lado después de la escuela? (¡Ciertamente no a la casa de Louise!) ¿Insistirle para que venga directo a casa de ahora en adelante? No, eso sólo conduciría a discusiones y lágrimas. Además, no era realista.

Pero no podía simular que no había sucedido. Y yo sabía que no tenía sentido tratar de hablar con ella hasta que los efectos de lo que había tomado o fumado desaparecieran. También yo necesitaba tiempo para pensar. ¿Debería contarle acerca de mi propia "experiencia" como adolescente? Y si lo hacía, ¿cuánto debería contarle? ¿Le ayudaría saberlo? ¿O lo usaría como una excusa para justificar lo que estaba haciendo ("Tú lo hiciste y estás bien")? De cualquier modo, durante las próximas horas tuve una docena de conversaciones imaginarias con ella. Finalmente, después de la cena, cuando ella parecía más ella misma, hablamos. Aquí está lo que sucedió:

"Rachel, no estoy buscando una confesión, pero vi lo que vi y sé lo que sé."

"¡Ay, Mami, eres tan dramática! Era sólo un poco de marihuana. No me digas que nunca probaste cuando tenías mi edad."

"En realidad, era mucho más grande. Dieciséis, no trece."

"Ves . . . y estás bien."

"No estaba tan bien en ese momento. Mis viejos amigos, a los que llamarías 'buenos chicos,' dejaron de ser mis amigos, y mis notas bajaron abruptamente. La verdad es que, cuando empecé no tenía idea en lo que me estaba metiendo. Pensaba que era inofensivo. No tan malo como los cigarrillos."

"Entonces, ¿qué te hizo parar?"

"Barry Gifford, un chico de mi clase. Chocó su auto contra un árbol después de dejar una fiesta en la que todos estaban fumando. En fin, Barry terminó en el hospital con el bazo reventado. Unos días después todos tuvimos que ir a un programa sobre concientización sobre drogas, y nos entregaron folletos. Después de eso decidí que no valía la pena."

"Oh, probablemente sólo estaban tratando de asustarte."

"Eso es lo que yo pensé. Pero después leí el folleto completo. Algunas de las cosas ya las sabía, pero había un montón de otras cosas que no sabía."

"¿Como qué?"

"Como de qué modo la marihuana puede permanecer en tu sistema por días después de que la hayas consumido. Cómo desordena tu memoria y tu coordinación, y aun tu ciclo menstrual.

Y cómo es aun peor para ti que los cigarrillos. Yo no tenía idea de que la marihuana tenía más químicos que producen cáncer que el tabaco. Ésa fue una gran sorpresa para mí."

De repente Rachel pareció preocupada. Puse mi brazo alrededor de ella y le dije, "Escucha, hija mía, si yo pudiera, te seguiría por todos lados día y noche para asegurarme de que nadie te dé o te venda algo que pueda hacerte daño. Pero eso sería totalmente una locura. De modo que tengo que contar con que tú serás lo suficientemente inteligente para protegerte a ti misma de toda la basura que hay ahí afuera. Y yo creo que tú lo serás. Creo que harás lo que sea correcto para tu vida, sin importar cuánta gente te presione."

Ella todavía parecía preocupada. Le di un gran abrazo y eso fue todo. No volvimos a hablar de eso. Pienso que lo que dije produjo un impacto, pero no voy a confiarme. Los chicos mienten a sus padres sobre las drogas (lo sé, lo hice), de modo que aun cuando tengo sentimientos mezclados acerca de espiar, pienso que revisaré su habitación a menudo.

Gail

Neil, mi hijo de quince años, me preguntó si Julie, su amiga desde la niñez, podía quedarse a dormir el sábado. Sus padres irían a una boda afuera de la ciudad, y su abuela, que había planeado quedarse con ella, se había enfermado y no podía venir.

Pensé, ¿Por qué no? Mi hijo menor pasaría el fin de semana en la casa de su padre, de modo que Julie podría usar su habitación. Por supuesto yo verifiqué qué pensaba sobre esta idea la madre de Julie. Ella se alegró ante la oferta, aliviada de que un adulto responsable cuidara a su hija a la noche.

Cuando Julie vino, le mostré la habitación en que dormiría. Después los tres tuvimos una linda cena y miramos un video.

A la mañana siguiente la mamá de Julie llamó para decir que estaba de regreso en casa y preguntó si podía hablar con Julie. Fui arriba a buscarla. La puerta de su habitación estaba medio abierta, y ¡nadie había dormido en su cama! Las almohadas que yo había arreglado tan cuidadosamente el día anterior estaban exactamente como las había dejado. Mientras que estaba allí con mi boca abierta, oí risas que venían de la habitación de Neil.

Golpeé con fuerza a su puerta y grité que la mamá de Julie estaba en el teléfono y quería hablar con ella.

Cuando la puerta finalmente se abrió, Julie salió luciendo desordenada y con vergüenza. Evitó mis ojos, corrió hacia abajo para hablar con su madre, subió nuevamente corriendo para tomar su mochila, me agradeció "por todo," y se fue a su casa.

Tan pronto como hubo dejado la casa, exploté. "Neil, ¿cómo me puedes haber hecho esto a mí? Le di mi palabra a la mamá de Julie de que me haría responsable de ella. ¡De que ella estaría segura y protegida!"

Neil dijo, "Pero Mami, ella . . ."

Lo interrumpí. "Nada de 'pero Mami' conmigo. Lo que hiciste no admite disculpas."

"Pero, Mami, no pasó nada."

"Ah, sí. Dos adolescentes pasan la noche juntos en la misma cama y no pasó nada. Tú debes de pensar que yo soy bastante estúpida. Bien, te diré algo que no va a pasar el próximo fin de semana. No irás al viaje a esquiar con tu clase."

Dije eso, tenía esa intención, y sentí que era realmente lo que merecía. Después dejé la habitación de modo de no tener que escucharlo cuando me siguiera diciendo cuán poco razonable estaba siendo yo.

Unos minutos más tarde cambié de parecer. ¿Cómo podría el privarlo de su viaje a esquiar ayudarlo a darse cuenta por qué no debería haber hecho lo que hizo? Así que volví a su habitación y le dije, "Escucha, Neil, olvida lo que te dije sobre el viaje a esquiar. Esto es lo que realmente quiero decir: Yo sé que el sexo es una parte normal, saludable de la vida, pero la realidad es que los padres se preocupan cuando les llega a sus chicos. Se preocupan por la posibilidad de que sus hijas queden embarazadas, de que sus hijos se conviertan en padres. Se preocupan por el HIV y todo lo demás . . ."

No me dejó terminar. Dijo, "¡Ma, suficiente! No necesito una plática sobre educación sexual. Yo sé sobre todo eso. Además, estoy tratando de decirte, *¡no pasó nada!* Sólo nos quedamos allí, tirados en la cama, mirando la tele."

Bien, puede ser que hayan estado mirando televisión, puede ser que no. Decidí darle el beneficio de la duda. Le dije, "Me alegra oír eso, Neil. Porque tú invitaste a Julie a pasar la noche en nuestra casa, tomaste una responsibilidad con ambas, con Julie y su madre . . . y *conmigo.* Una responsibilidad que necesitaba ser honrada."

Neil no dijo nada, pero por la expresión de su cara, pude ver que mis palabras le llegaron. Y eso fue suficiente para mí. Pude terminar allí.

Jim

Mi esposa y yo pensamos que habíamos tomado todas las precauciones cuando compramos nuestra nueva computadora. La pusimos en la habitación de la familia (a pesar de las objeciones de nuestra hija de doce años, Nicole, quien hizo todo lo posible por convencernos de ponerla en su habitación), instalamos el último software de filtrado (habíamos oído que había al menos tres millones de sitios pornográficos a los que un chico podía entrar accidentalmente), y acordamos un horario flexible para tratar de satisfacer las necesidades de todos en la familia. También le dijimos claramente a Nicole que la computadora no podía usarse más allá de las nueve de la noche y sólo podía ser usada para la tarea escolar o para comunicarse con amigos en Internet.

Suena bien, ¿no es cierto? Bien, unas pocas semanas atrás me desperté un poquito después de la medianoche, vi luz en la habitación familiar, me levanté para apagarla, y encontré a Nicole pegada a la computadora. Estaba tan absorta, que ni siquiera me oyó. Me paré detrás de ella y leí la pantalla: "Courtney, suenas tan linda, divertida y sexy. ¿Cuándo puedo conocerte?" En el mismo instante en que ella se dio cuenta que yo estaba allí, escribió "pd" (Más tarde supe que significaba "padre detrás") y puso en blanco la pantalla.

Yo me cubrí de un sudor frío. He oído demasiados informes en los diarios sobre lo que les sucede a chicas jóvenes que se encuentran con chicos adolescentes en las salas de charla. El chico la adula, le dice cuánto tienen en común, la hace sentir especial, y poquito a poco llegan al punto en que ella acepta encontrarse con él. Sólo que resulta que él no es un listo muchacho adolescente, sino un hombre grande, pervertido sexual, que está ahí para hacerle quién sabe qué a la chica.

Le dije, "Nicole, ¿qué demonios piensas que estás haciendo? ¿Tienes alguna idea del tipo de peligro al que te estás exponiendo? ¡Debería quitarte el derecho a usar la computadora para siempre!"

Ella inmediatamente se puso a la defensiva. Dijo que no había nada por lo cual estar tan exaltado, que sólo se estaba divirtiendo un poquito, que ni siquiera había usado su verdadero nombre, y que ella era lo suficientemente inteligente para darse cuenta de la diferencia entre un "viejo verde" y una persona normal.

Le dije, "Nicole, escúchame. *¡No hay forma* de que puedas notar la diferencia! Los peores *psicos* son capaces de mostrarse completamente normales y encantadores. Ellos saben exactamente cómo hacer para engañar a un chica joven. Han tenido mucha práctica." Después le dije que quería su contraseña porque de ahora en adelante su madre y yo controlaríamos regularmente dónde había estado ella *on line.*

¿Su reacción? Yo no confiaba en ella... Yo no tenía derecho ... Yo estaba violando su privacidad, etc., etc. Pero cuando terminé de contarle algunas de las terribles historias que había oído sobre cómo estos tipos "normales" resultaban ser acechadores, secuestradores, violadores, o peor, todo lo que pudo decir, con voz débil, fue, "Bueno, no puedes creer todo lo que oyes."

Creo que estaba tratando de salvar las apariencias. Pero pienso que una parte de ella estaba realmente aliviada de que su padre la estuviese cuidando y que no fuese un flojo.

Alternativas al Castigo

Adolescente: ¡Tú juraste que dejarías de fumar, y todavía lo estás haciendo! Eres tan falso. ¡Siempre haces lo mismo!

Padre: ¡Y tú, bocona, estás castigada este fin de semana!

En cambio:

Expresa tus sentimientos:
"Esa forma de hablar me enoja."

Expresa tus expectativas:
"Dado que estoy tratando de dejar de fumar, lo que espero de mi hijo es apoyo—no un ataque."

Ofrece una elección:
"Ofender con una palabra lastima. Tú puedes hablar conmigo y decirme qué piensas que podría ayudarme a dejar de fumar o puedes decírmelo por escrito."

Muestra cómo compensar:
"Cuando te das cuenta de que has ofendido a alguien, es una buena idea disculparse."

Pero, ¿qué hacer si el adolescente continúa hablando sin respeto?

Actúa (mientras que vas dejando la habitación):
"Esta conversación se terminó. Yo no estoy disponible para recibir insultos."

Cuatro

Resolviéndolo Juntos

Karen empezó la sesión aun antes de que todos se hubieran ubicado. "No veía la hora de estar aquí esta noche. ¿Recuerdan la semana pasada cuando Tony preguntó qué se podía hacer si ninguna de las alternativas al castigo funcionaba? Tú dijiste algo sobre solucionar el problema juntos. Como quiera que sea, tengo un gran problema con Stacey, y no tengo idea cómo solucionarlo."

"La buena noticia," dije, "es que no tienes que solucionarlo sola. El método de cinco pasos que ustedes aprenderán hoy muestra cómo un padre y su adolescente se pueden sentar y abordar el problema juntos."

"¿Sentarse?" exclamó Laura. "¿Quién tiene tiempo de sentarse? En mi casa todo el mundo está siempre corriendo de un lugar a otro. Nos hablamos sólo cuando nos cruzamos corriendo."

"La gente tiene horarios exigentes en estos días," dije. "No es fácil encontrar tiempo. Sin embargo, lo que este proceso requiere es tiempo. Ustedes no pueden pensar juntos creativamente si cada uno de ustedes está apurado o agitado. Para que esta propuesta dé resultado, es mejor esperar hasta que ambas partes estén relativamente tranquilas."

"Sí," dijo Tony, "pero en el mismo instante en que le dejas saber al chico que quieres hablar acerca de algo que él está haciendo que a ti no te gusta, no importa cuán tranquilo *tú* estés acerca de eso, *él* ya no va a estar tranquilo."

"Y esa es la razón," dije, "por la que el primerísimo paso, después de plantear el problema, es invitar a tu adolescente a contar su versión de la historia. Eso implica guardarse tus sentimientos, temporalmente, y escucharlo. Una vez que él sabe que su punto de vista ha sido escuchado y comprendido, es mucho más probable que pueda oír lo que tú tienes que decirle."

"¿Y después?" preguntó Karen con impaciencia.

"Y después," dije, "es asunto de los dos ponerse a pensar juntos y tratar de encontrar algo que pueda funcionar para ambos. Supongamos que lo ilustro usando un ejemplo de mi propio hogar.

"Cuando mi hijo tenía aproximadamente catorce años, descubrió el *heavy metal*. Escuchaba esa música—si se la puede llamar así—tan alto que las ventanas temblaban. Yo le pedía que por favor la bajara. Nada. Le gritaba que la bajara. Aun así nada. Probé todas las habilidades sobre las que hablamos en nuestra última sesión sobre conseguir cooperación: describí, di información, ofrecí opciones, escribí una nota . . . Inclusive usé el humor. Me pareció que era muy graciosa. A él no.

"Una noche perdí el control. Entré como una turba a su habitación, desenchufé su equipo de música, y amenacé con quitárselo para siempre. Ustedes se podrán imaginar la guerra de gritos que vino a continuación.

"Me resultó difícil dormirme esa noche. Al día siguiente decidí probar el único método que no había usado: *resolver* el problema. Esperé hasta después del desayuno antes de ni siquiera aventurarme a pronunciar el tema. Pero en el instante en que mencioné la palabra 'música', su espalda se irguió. Dijo, '¡Oh no, de nuevo eso no!' Le dije, 'Sí, *eso* de nuevo. Sólo que esta vez quiero tratar de ver las cosas desde tu punto de vista . . . Me gustaría realmente entenderte.'

"Eso lo tomó por sorpresa. Dijo, '¡Era hora!' Después me dejó saber exactamente cómo se sentía: 'Pienso que tú eres demasiado sensible. La música no está *tan* alta—tiene que estar lo suficientemente alta para sentir el golpe de la batería y oír la letra. Porque las letras son excelentes, aunque tú las odies. Pero si alguna vez las escucharas realmente, tal vez te gustarían también.'

"No discutí con él. Reconocí cada cosa que dijo, y después le pregunté si él podía escuchar cómo me sentía yo.

"Él dijo, 'Ya sé cómo te sientes tú. Tú piensas que es demasiado alto.'

'Tienes razón. Trato de que no me moleste, pero me molesta.'

'Entonces ponte tapones en los oídos.'

"Nuevamente no discutí. Lo escribí y dije, '¡Esa es nuestra primera idea! Veamos qué más podemos pensar que pueda funcionar para los dos.'

"Bien, se nos ocurrieron todo tipo de posibilidades, desde que él podía usar auriculares hasta que se podía insonorizar su habitación, desde poner una alfombra en su habitación a bajar un poquito el volumen, o cerrar las puertas del dormitorio y de la cocina.

"Cuando finalmente revisamos nuestra lista, rápidamente eliminamos tapones en los oídos para mí (no quería andar por la casa con mis oídos tapados), auriculares para él (el volumen alto podía dañar su audición), e insonorizar su habitación (demasiado caro). De cualquier modo estuvimos de acuerdo en que una alfombra en su piso, cerrar las puertas y bajar el volumen—aun cuando fuera un poquito—ayudaría. Pero resultó que lo que él realmente quería era que yo escuchara su música con él—para 'al menos darle una oportunidad.'

"Bien, yo escuché, y después de un rato pude de algún modo

ver porqué esa música podía atraerlo. Incluso empecé a entender porqué las palabras que eran tan desagradables para mí podían ser placenteras para los chicos. Creo que los adolescentes se conectan con las letras que expresan su enojo y su frustración.

"¿Llegué a amar su música? No. Pero pude aceptarla más. Y pienso que porque estuve dispuesta a pasar algún tiempo con él en su mundo, él estuvo más dispuesto a complacerme. A veces él incluso me preguntaba, 'Mami, eso es demasiado alto para ti?'

"Bien, ésa fue mi experiencia. Ahora veamos cómo podría aplicarse la misma propuesta a una situación con la que la mayoría de ustedes están familiarizados: el desorden, el lío, el caos, o como quiera que lo llamen, en la habitación de un adolescente."

La gente se rio con conocimiento de causa. Michael dijo, "Yo lo llamo 'depósito de basura.' "

"En nuestra casa," agregó Laura, "lo llamamos el 'agujero negro.' Cualquier cosa que entre, no saldrá jamás."

"¿Y cómo llaman a los chicos?"

Desde distintos puntos de la habitación se oyó, "Desparpajo" ... "Chancho" ... "Vives como un animal" ... "Con el estado en que tienes tu habitación, ¿quién querría casarse contigo?"

Busqué dentro de mi portafolio. "Aquí tenemos una alternativa a esa forma de hablar," les dije y les entregué las ilustraciones que mostraban el proceso 'solucionando el problema' en acción—paso por paso.

En las próximas páginas ustedes verán lo que le distribuí al grupo.

Resolviéndolo Juntos

Paso I

Invita a tu Adolescente a que te dé su Punto de Vista

Paso II

Expresa tu Punto de Vista

Paso III

Invita a tu Adolescente a Buscar Soluciones Contigo

Paso IV

Toma Nota de Todas las Ideas—Tontas o Sensatas—sin Evaluarlas

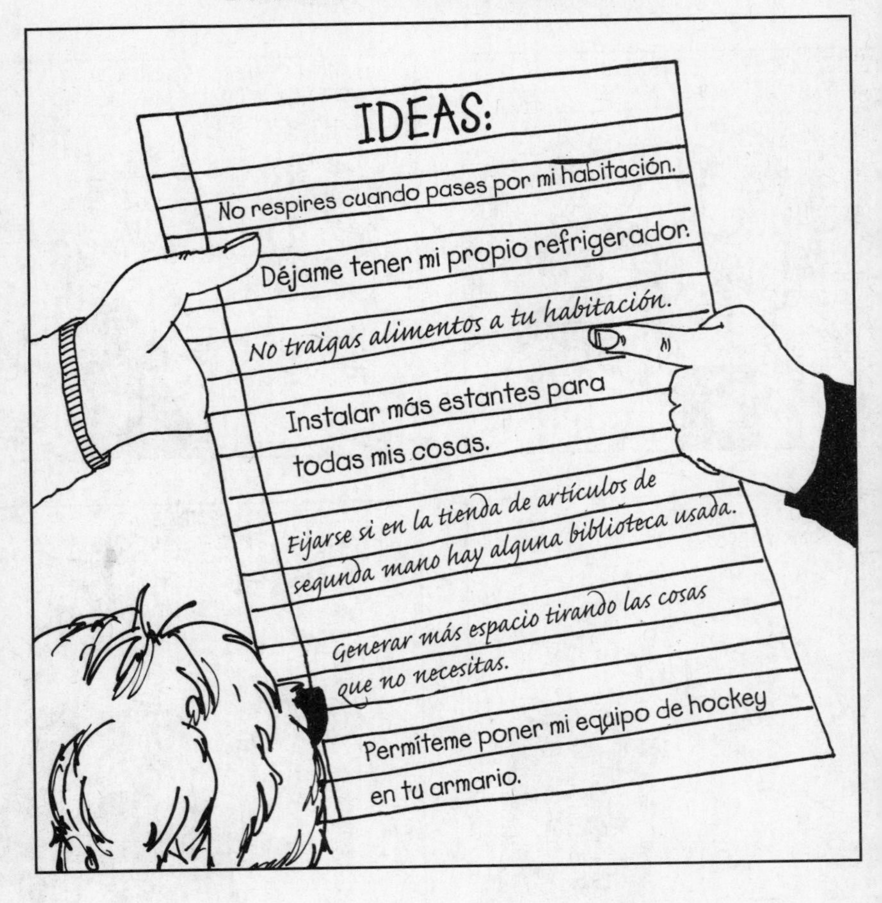

Paso V

Revisar la Lista. Decidir con qué Ideas Pueden Estar de Acuerdo Ambos y Cómo las Pondrán en Acción

"No quiero ser negativa," dijo Karen, "porque puedo ver cómo podría funcionar esta propuesta con un chico cuya habitación es un desorden. Pero ése no es un problema serio. Stacey hizo algo esta semana que realmente me preocupó. Y sé que me exalté tanto que empeoré las cosas. Pero todavía no veo cómo podría haber usado algo de esto con ella."

"Bien, ¿qué hizo?" preguntó Laura. "No nos dejes en suspenso."

Karen respiró profundo. "O.K. aquí va. El viernes pasado mi esposo y yo salimos a cenar y al cine. Antes de irnos, Stacey, que tiene trece años, nos preguntó si dos de sus amigas podían venir a casa y, por supuesto, dijimos que sí. La película terminó temprano, y cuando regresamos a casa, vimos a dos muchachos salir corriendo por la puerta del costado. Mi esposo corrió tras ellos. Yo entré. En el mismo momento en que abrí la puerta supe que algo no estaba bien. Las ventanas estaban totalmente abiertas, la casa estaba completamente fría, todo el lugar olía a humo de cigarrillo, y Stacey y sus amigas estaban en la cocina poniendo botellas de cerveza en el fondo de una bolsa de basura y cubriéndolas con diarios.

"Tan pronto como ella me vio, dijo, 'No fue mi culpa.' "

"Yo dije, 'Hablaremos más tarde,' y envié las chicas a sus casas. En el mismo momento en que traspasaron la puerta, Stacey empezó a contarme la larga historia completa y a darme todo tipo de excusas.

"Le dije que no aceptaba nada de eso y que ella conocía las reglas y que las había quebrado deliberadamente. Y después le hice saber que su padre y yo no habíamos terminado el asunto todavía. Así que ésa es la razón por la que estoy aquí esta noche. Pero '¿solucionando el problema?' Realmente no veo cómo podría ayudar."

"No lo sabremos a menos que lo intentemos," dije. "¿Querrías hacer un juego de roles conmigo?" le pregunté.

A Karen no se la veía convencida. "¿Qué rol haría yo?"

"El que tú quieras."

Pensó por un momento. "Creo que debería ser Stacey. Porque sé el tipo de cosas que me diría. Así que, ¿cómo empiezo?"

"Dado que yo soy tu madre," dije, "y soy la que está preocupada por el problema, me corresponde a mí comenzar la conversación."

Acerqué mi silla a la de Karen. "Espero que éste sea un buen momento para ti, 'Stacey,' porque necesitamos hablar acerca de lo que pasó anoche."

Karen (ahora Stacey) se deslizó hacia abajo en su silla y puso los ojos en blanco. "Traté de hablar contigo, ¡pero tú no me escuchaste!"

"Lo sé," dije, "y eso puede ser muy frustrante. Pero estoy lista para escucharte ahora." Aquí está el resto de nuestro diálogo:

Stacey: Como te dije, yo no esperaba que esos chicos vinieran. Yo ni siquiera los conozco. No están en ninguna de mis clases. Son más grandes.

Madre: Así que los chicos fueron una sorpresa total para ti.

Stacey: ¡Sí! Cuando les abrí la puerta a Jessie y Sue, estos dos chicos estaban parados detrás de ellas. Yo nunca los invité a entrar. Le dije a Jessy que mis padres se enojarían si dejaba entrar chicos.

Madre: Así que pusiste bien en claro que querías que los chicos se fueran.

Stacey: Sí, pero ellos dijeron que sólo se iban a quedar unos minutos.

Madre: Y pensaste que tenían esa intención.

Stacey: Sí. Tú sabes, yo no pensé que ellos iban a fumar o tomar alcohol. Cuando les dije que no lo hicieran, se rieron. Yo ni siquiera sabía que Jessie fumaba.

Madre: Así que tú hiciste un verdadero esfuerzo para detenerlos, pero sin importarles lo que les dijeras, nadie escuchaba. Estabas en una posición difícil, Stacey.

Stacey: ¡De veras!

Madre: Stacey, ahora te diré cómo fue para mí. Fue un impacto llegar a casa y ver a estos chicos salir corriendo por la puerta y sentir olor a humo en la casa y encontrar latas de cerveza en la basura y. . .

Stacey: Pero, Mami, ya te lo dije, ¡no fue mi culpa!

Madre: Ahora lo entiendo. Pero quiero asegurarme de que no suceda otra vez. De modo que la gran pregunta es, ¿cómo puedes tú sentirte cómoda cuando invitas a tus amigos a casa, y cómo podemos sentirnos seguros, Papi y yo, de que se respetan nuestras reglas, ya sea que estemos en casa o no?

Stacey: Mami, no es tan difícil. Todo lo que tengo que hacer es decirles a Sue y Jessie que no pueden traer chicos cuando ustedes no están en casa.

Madre: O.K. Escribiré eso. Es la primera sugerencia para nuestra lista. Ahora *yo* tengo una idea: instalar una mirilla en la puerta. De ese modo tú puedes ver quién está ahí afuera antes de abrir.

Stacey: Y si alguien quiere fumar, les diré que tienen que ir afuera.

Madre: Podríamos hacer algunos carteles de NO FUMAR y ponerlos en toda la casa. Podrías decirles a todos que tu injusta madre te los hizo hacer . . . ¿Qué más?

De repente Karen se salió de su personaje. "Lo sé. . . . Sé que no hemos terminado, y sé que se supone que debemos repasar todas las sugerencias y decidir cuáles son las mejores y todo eso, pero quiero contarte lo que me sucedía a mí mientras estaba haciendo de Stacey. Era tan sorprendente. Me sentía tan respetada... que mi madre realmente me escuchaba... me sentía segura al contarle cómo me sentía realmente sin tener miedo a que me regañara... y sentía que yo era tan inteligente como para sugerir algunas ideas, y que mi madre y yo éramos un verdadero equipo."

Le sonreí feliz a Karen. En su propio e inimitable modo, ella había expresado lo esencial de lo que yo había estado tratando de comunicar.

Le agradecí por entregarse tan plenamente a su personaje y por compartir su proceso íntimo con nosotros. Varias personas aplaudieron.

Karen les sonrió. "No aplaudan todavía," dijo. "La gran actuación está por delante todavía. Ahora la mamá real tiene que ir a casa y llevarlo adelante con la Stacey real. Deséenme suerte, todos."

En todos lados de la sala se oyeron gritos de, "¡Buena suerte, Karen!"

Con esa nota alta, nuestro encuentro terminó.

Las Historias

Cuando los padres se tomaron el tiempo de sentarse con sus adolescentes y probar sus nuevas habilidades para solucionar el problema, tuvieron una cantidad de nuevas experiencias. Aquí está lo más destacado de lo que ellos contaron:

Karen: Solucionar un problema puede ayudarte a saber lo que realmente está sucediendo.

Cuando dejé la sesión la semana pasada, no sabía si Stacey querría ni siquiera hablar conmigo. Había tantos malos sentimientos entre nosotras. Pero tan pronto como di el primer paso del "método"—o sea, realmente escuchar su punto de vista y aceptar todos sus sentimientos—ella se volvió otra persona. De repente estaba contándome cosas que nunca me habría contado antes.

Descubrí que uno de los muchachos era el nuevo novio de Jessie, y que ella se estaba riendo y haciéndose la tonta y colgándose de él, y que cuando él le ofreció un cigarrillo ella lo tomó y lo fumó.

Yo no dije una palabra. Sólo escuchaba y afirmaba con mi cabeza. Después me contó que los chicos tenían un paquete de seis cervezas, y que cuando habían terminado eso habían empezado a buscar por toda la casa algo para beber. Uno de ellos había encontrado el gabinete de las bebidas alcohólicas, y los dos se habían servido un poco de whisky. Habían tratado de que las chicas probaran un poco, pero sólo Jessie había aceptado.

Vaya, ¡realmente tuve que hacer un esfuerzo de auto control! Pero me alegró haberlo hecho, porque cuanto más hablamos, más comprendí a Stacey. Pude ver que una parte de ella estaba excitada por toda la experiencia, pero mayormente estaba asustada y abrumada.

Sólo saber eso hizo más fácil el resto de nuestra discusión. No tuve que gastar tiempo explicando cómo me sentía (Stacey ya conoce mi opinión sobre los cigarrillos y el alcohol), y no nos llevó mucho tiempo llegar a una lista de soluciones. Aquí está lo que acordamos entre las dos:

- No se permiten chicos en la casa al menos que estén los padres.
- No se permiten bebidas alcohólicas.
- Cualquiera que *necesite* fumar debe ir afuera.
- Mami le dirá a Sue y Jessie acerca de las nuevas reglas de la casa (en forma amistosa).

- Papi instalará una cerradura en el gabinete de bebidas alcohólicas.
- Si se necesita a un adulto y no se puede contactar a los padres, llamar a cualquiera de los números listados en la puerta de la refrigeradora.

Para cuando terminamos nuestra lista, las dos nos sentíamos muy bien. Habíamos resuelto las cosas juntas. En lugar de que yo impusiera la ley, Stacey había contribuido en lo que decía la ley.

Laura: No es siempre necesario pasar por todos los pasos de solucionar un problema para llegar a una solución.

Cuando Kelly vino hasta mi habitación para modelarme su nueva ropa, estaba burbujeante de excitación. "Mami, ¡mira lo que me compré con el dinero de mi cumpleaños! ¿No está buenísimo? ¡Es la última moda! ¿No te encanta?"

La miré un instante y pensé, *Gracias a Dios que su escuela tiene un código de vestimenta.* Mi próximo pensamiento fue, *O.K. tal vez éste sea el momento para que madre e hija hagan un poco de "solucionando el problema."* Comencé por el primer paso: sus sentimientos. "Te oigo, Kelly. Te encanta la forma en que esa pequeñita camiseta va con esos jeans a la cadera."

Después expresé mis sentimientos. "Pienso que ese estilo es demasiado sugestivo. Yo no quiero que mi hija camine por ahí en público con toda esa piel desnuda y mostrando su ombligo. Me parece que manda un mensaje equivocado."

A ella no le gustó oír eso. Se desplomó en una silla y dijo, "Ay, mami, estás tan fuera de onda."

"Eso puede ser verdad," le dije, "pero podríamos llegar a algún tipo de solución que . . ." Antes de que yo pudiera ni siquiera terminar mi frase, dijo: "Entonces no lo vestiré 'en público.' Sólo en la casa, cuando esté con mis amigas. ¿De acuerdo?"

"De acuerdo," dije. Y con eso se terminó. Al menos por un tiempo. Porque yo sé lo que pasa hoy en día. Las chicas salen de sus casas luciendo como lo que sus madres llamarían "perfectas señoritas." Pero en el momento en que dan vuelta a la esquina, las camisetas son enrolladas hacia arriba, los jeans se bajan, y nuevamente el ombligo queda en exhibición.

Jim: No rechaces ninguna de las sugerencias de tu adolescente. A veces las peores ideas pueden conducir a las mejores.

Jared, mi hijo de catorce años, ha empezado de repente a quejarse de que su hermana, que tiene doce, lo está volviendo loco. Cuando quiera que sus amigos estén en la casa, ella se las arregla para encontrar razones para entrar a su habitación y hacerse notar. Yo entiendo lo que está sucediendo, pero a Jared lo pone furioso. Le grita que salga y le grita a mi esposa para que la mantenga afuera.

Una noche después de la cena decidí probar con él el método "solucionando el problema." El primer paso requirió un poco de auto control. Tuve que esforzarme para permanecer sentado allí, escuchando todas sus quejas sobre su hermana. Y una vez que comenzó, no pudo parar. "Es una plaga. . . . Siempre está ahí dando vueltas cuando mis amigos me están visitando. . . . Inventa cualquier excusa para entrar a mi habitación . . . quiere papel o quiere mostrarme algo . . . y nunca golpea . . . y cuando le digo que se vaya, sólo se queda ahí como una idiota."

Yo reconocí cuán frustrante debía de ser eso para él, pero decidí no decirle nada acerca de cuán frustrante era para mí oírlo hablar de ese modo acerca de su hermana. Sabía que no estaba de humor para oír mis sentimientos.

La primera cosa que dijo cuando le dije que necesitábamos algunas ideas creativas para solucionar el problema fue "envíala a Marte."

Lo escribí, y le apareció una gran sonrisa. El resto de la lista vino rápido.

- Colgar un cartel PROHIBIDA LA ENTRADA sobre mi puerta. (Jared)
- Papi debería decirle que *no puede jamás* entrar a mi habitación al menos que yo le diga que lo haga. (Jared)
- Jared mismo debería decirle a su hermana, en forma calma y *diplomática,* que él quiere que se respete su privacidad cuando sus amigos están de visita. (Papi)
- Hacer un trato con ella. Si ella me deja solo con *mis* amigos, no fastidiaré a *sus* amigas cuando vengan. (Jared)

Lo dejamos allí. Eso fue unos días atrás. Desde entonces, Jared tuvo una conversación con Nicole, y lo mismo hice yo. Pero la gran prueba está todavía por delante. Sus amigos vendrán a practicar con la banda el sábado.

Michael: Cuando usas el método "solucionando el problema" con tus adolescentes, es más probable que ellos intenten el mismo acercamiento contigo.

Oí a Jeff en el teléfono diciéndole a su amigo acerca de este "imperdible" concierto de rock al que ellos *tenían* que ir. Cuando colgó, dijo, "Papi, realmente necesito hablar contigo."

Pensé, *Oh, oh, aquí vamos de nuevo. Vamos a tener la misma vieja discusión de siempre: Tú nunca me dejas ir a ningún lado. Nada terrible va a suceder. El padre de ningún chico . . . etc., etc.*

Pero para mi sorpresa, dijo, "Papi, Keith quiere que yo vaya a un concierto este sábado a la noche. Es en la ciudad. Pero antes de que digas nada, quiero oír todas tus objeciones. Todas las razones por las que tú no querrías que yo fuera. Las escribiré. Ya sabes, de la forma en que lo hiciste tú la semana pasada."

Bien, yo tenía una larga lista para él. Le dije que me preocupaba que dos chicos de quince años estuvieran parados por ahí, tarde a la noche, en una parada de bus. Me preocupaban todas las drogas que circulan en los conciertos. Me preocupaban los asaltantes y carteristas que buscan blancos fáciles. Me preocupaban las lesiones producidas por esa cosa llamada *mosh pits* en la que los chicos se arrojan desde el escenario y otros chicos los atajan. Tal vez. Y también me opongo a las letras de odio que humillan a las mujeres, la policía, los homosexuales y las minorías.

Cuando terminé, él miró sus notas garabateadas y realmente se refirió a cada una de mis preocupaciones.

Dijo que él se aseguraría de que él y Keith esperaran con otra gente en la parada del bus; que mantendría su billetera en el bolsillo interior de su chaqueta y que mantendría su chaqueta con el cierre alto; que él y sus amigos no estaban en las drogas; que él no sabía si iba a haber un *mosh pit,* pero que si lo había, él sólo miraría; y que él no era tan débil de mentalidad que las palabras de una canción lo iban a convertir en un intolerante.

Yo estaba tan impresionado por lo maduro que parecía que estuve de acuerdo en dejarlo ir, bajo ciertas condiciones: en lugar de que los chicos tomaran el bus, su madre y yo los llevaríamos en auto a la ciudad, iríamos a ver una película mientras que ellos estuvieran en el concierto, y los pasaríamos a buscar después. "Si ese plan está bien para ti," le dije, "entonces todo lo que necesitas hacer es llamar a la boletería y averiguar a qué hora termina el concierto."

Me agradeció. Y yo le agradecí por tomar mis preocupaciones seriamente. Le dije que la forma en que él se había acercado a mí me había ayudado a pensar los cosas de otro modo.

Joan: Hay problemas que van más allá del método "solucionando el problema." A veces es necesaria la ayuda de un profesional.

Al principio pensé que Rachel había perdido peso por todo el ejercicio que estaba haciendo últimamente. Pero no podía entender por qué estaba cansada todo el tiempo ni por qué no tenía apetito. No importaba qué cocinara—aun sus platos favoritos—comía uno o dos bocados, empujaba el resto por todo el plato, y cuando le insistía para que comiese más, me decía, "realmente no tengo hambre" o "de todos modos estoy demasiado gorda."

Entonces, una mañana accidentalmente entré al baño cuando ella estaba saliendo de la ducha y no pude creer lo que vi. Su cuerpo estaba extenuado. Era piel y huesos.

Yo estaba completamente desalentada. No sabía si ésta era la clase de problemas por el que podíamos sentarnos y solucionarlo juntas, pero tenía que probar. El primerísimo paso—reconocer sus sentimientos—fracasó. Dije, "Querida, sé que he estado persiguiéndote últimamente porque no has estado comiendo, y yo sé que eso puede ser irritante, y puedo entender por qué tú . . ."

Antes de que yo pudiera pronunciar una sola palabra más, ella se encolerizó conmigo: "No quiero hablar sobre eso. No es tu asunto. ¡Es *mi* cuerpo y lo que yo como es asunto *mío!*" Después entró a su habitación y cerró su puerta con un golpe.

Ahí fue cuando llamé al médico de la familia. Le dije lo que estaba sucediendo y me urgió a que llevara a Rachel para un control. Cuando ella finalmente salió de su habitación, le dije, "Rachel, yo sé que piensas que lo que tú comes no debería ser mi asunto. Pero la realidad es que estoy preocupada. Eres mi hija y te amo y quiero ayudarte, pero no sé cómo y ésa es la razón por la que tomé una cita con el médico."

Bien, ella me hizo pasar un mal rato. ("¡No necesito ayuda!

Tú eres la que tiene problemas, no yo.") Pero yo no retrocedí. Y cuando finalmente vimos al médico, confirmó mis peores temores. Rachel tenía un desorden alimenticio. Había perdido doce libras, no había tenido sus últimos períodos, y su presión sanguínea era baja.

El médico fue directo con ella. Le dijo que ella tenía potenciales problemas de salud serios que requerían atención inmediata, que era bueno que hubiesen sido tomados a tiempo, y que la derivaría a un programa especial. Cuando ella preguntó, "¿Qué tipo de programa?," él explicó que era un enfoque en "equipo," una combinación de consejo individual, grupal, y nutricional.

Cuando nos estábamos yendo, Rachel lucía abrumada. El médico le sonrió y tomó su mano. Dijo, "Rachel, te conozco desde que eras una niñita. Eres una chica valiente. Tengo mucha confianza en ti. Cuando entres a este programa, vas a hacer que funcione para ti."

No sé si Rachel pudo entender lo que él dijo, pero yo estaba agradecida por sus palabras y muy aliviada. No tendría que enfrentar todo esto sola. Había ayuda ahí afuera.

Resolviéndolo Juntos

Padre: ¡Es la segunda vez que no llegas al horario acordado! Bien, ya te puedes olvidar de ir a ningún lado el próximo sábado a la noche. Estarás adentro todo el fin de semana.

En cambio:

Paso 1: Invita a tu adolescente a darte su punto de vista.

Padre: Algo te está dificultando llegar a la hora acordada.
Adolescente: Soy el único que tiene que llegar a su casa a las diez. Siempre me tengo que ir cuando todo el resto se está divirtiendo.

Paso 2: Expresa tu punto de vista.

Padre: Cuando te espero en casa a una cierta hora y no llegas, me preocupo. Mi imaginación empieza a divagar.

Paso 3: Invita a tu adolescente a discutir ideas juntos.

Padre: Veamos si hay algunas ideas que se nos puedan ocurrir que te den un poquito más de tiempo a ti con tus amigos y me den tranquilidad mental a mí.

Paso 4: Toma nota de todas las ideas, sin evaluarlas.

1. Déjame quedarme afuera tanto como quiera y no me esperes levantado. (adolescente)
2. No te dejaré salir de nuevo hasta que estés casado. (padre)
3. Que la hora de regreso sean las once. (adolescente)
4. Extiende la hora de regreso hasta las diez y media—por un tiempo. (padre)

Paso 5: Repasar la lista y decidir qué ideas quieren poner en acción.

Adolescente: Las diez y media está mejor. Pero, ¿por qué por un tiempo?

Padre: Podemos hacerla permanente. Todo lo que debes hacer es demostrar que puedes llegar a tiempo de aquí en adelante.

Adolescente: Trato hecho.

Cinco

Conociendo a los Chicos

Quería conocer a los chicos.

Había estado escuchando acerca de ellos, hablando acerca de ellos, pensando acerca de ellos, y ahora quería vivir por mí misma. Les pregunté a los padres cómo se sentirían si arreglaba algunas sesiones con sus hijos—una para conocernos, otra para enseñarles algunas habilidades de comunicación básicas, y luego otra en la que nos reuniríamos todos.

La respuesta fue inmediata: "¡Eso sería maravilloso!" . . . "¡Es una idea fantástica!" . . . "No sé si podré hacerla venir pero haré mi mejor intento" . . . "Dime cuándo. Aquí estará."

Fijamos tres fechas.

Mientras miraba a los chicos llegar, comencé a unir chicos con padres, tratando de imaginarme quién pertenecía a quién. ¿Era el chico alto y delgadísimo Paul, el hijo de Tony? De alguna manera se parecía a él. La chica de la sonrisa amable, ¿era la hija de Laura, Kelly? Pero después pensé, *No, no lo hagas así. Conoce a esta gente joven como individuos, no como extensiones de sus madres o padres.*

Cuando todos se habían ubicado, dije, "Como sus padres probablemente les habrán contado, yo enseño métodos de comunicación que pueden ayudar a la gente de todas las edades a llevarse mejor. Pero como ustedes bien saben, 'llevarse mejor' no es siempre fácil. Significa que necesitamos ser capaces de escucharnos unos a otros y, al menos, hacer un esfuerzo para comprender el punto de vista de la otra persona.

"Ahora, los padres ciertamente comprenden sus propios puntos de vista. Pero pienso que muchos de ellos se pierden—y eso me incluye—una comprensión más profunda del punto de vista de las generaciones más jóvenes. Ahí es donde entran todos ustedes. Deseo, hoy, llegar a una mejor comprensión de aquello que ustedes creen que es verdad, ya sea para ustedes o para sus amigos."

El chico que se parecía a Tony hizo una mueca. "Bien, ¿qué quieres saber? Pregúntame. Soy un experto."

"Sí, claro," se rio otro chico. "¿Sobre qué?"

"Pronto lo sabremos," dije mientras que les entregaba la hoja de preguntas que había preparado. "Por favor, léanlas, vean cuáles pueden responder sin sentirse incómodos, y después hablaremos."

Una mano se levantó.

"¿Sí?"

"¿Quién va a ver lo que escribimos?"

"Sólo yo. Ustedes no tienen que poner sus nombres en la hoja. Nadie sabrá quién escribió qué. Todo lo que me interesa es una respuesta honesta."

No estaba segura de que quisieran escribir después de un largo día en la escuela, pero lo hicieron. Estudiaron cada pregunta, miraron hacia afuera por la ventana, se inclinaron sobre sus papeles, y escribieron rápida y fervorosamente. Cuando todos habían terminado, repasamos la lista de preguntas juntos y discutimos cada una de ellas. La mayoría de los chicos leyó sus respuestas en voz alta; otros agregaron sus pensamientos espontáneamente; y unos pocos escucharon en silencio y optaron por entregarme sus respuestas por escrito. Aquí está lo más destacado de lo que tenían para decir:

¿Qué piensas que quiere decir la gente cuando hace un comentario como, "Ni modo, es un adolescente"?

"Que somos inmaduros, que somos todos unos mocosos y una gran molestia. Pero no estoy de acuerdo. Cualquiera puede actuar así, no importa qué edad tenga."

"Que todos los adolescentes somos un problema. Pero eso no es así. Es una humillación. No hay sólo una clase de adolescente. Somos todos diferentes."

"Siempre dicen, 'Espero más de ti,' o, 'Actúa de acuerdo a tu edad.' Pero ésta es nuestra edad."

"Que los adultos piensen que nuestras capacidades son tan pocas es degradante e insultante."

"Piensan que nos conocen. Dicen, 'Tuvimos los mismos problemas cuando éramos jóvenes.' Pero no se dan cuenta de que los tiempos han cambiado y los problemas han cambiado."

¿Cuál piensas que es la mejor parte de tener tu edad, ya sea para ti o para tus amigos?

"Tener más permisos. Menos límites y fronteras."

"Divertirme y hacer lo que quiero."

"Tener novios."

"Quedarme afuera hasta más tarde los fines de semana e ir al mall con mis amigos."

"Disfrutar de la vida sin las responsabilidades que sé que tendré más adelante."

"Estar más cerca de poder manejar."

"Tener la libertad para experimentar, pero también la seguridad y el amor de mi familia para refugiarme cuando algo sale mal."

¿Cuáles son algunas de las cosas acerca de las que se preocupan los chicos de tu edad?

"De no encajar."

"De no ser aceptado socialmente."

"De perder amigos."

"Los jóvenes se preocupan acerca de lo que otros piensan de ellos."

"Nos preocupamos sobre la forma en que lucimos: la ropa, el cabello, los zapatos, los nombres de marca."

"Las chicas tenemos que ser delgadísimas y bonitas, y los chicos tienen que tener onda y ser atléticos."

"Nos preocupamos acerca de la competencia académica y acerca de la tonelada de tarea que tenemos que hacer todas las noches y nos preocupa aprobar todas nuestras materias."

"Nuestro futuro y obtener buenas calificaciones."

"Me preocupan las drogas y la violencia y los ataques terroristas y cosas como esas."

"A mí me preocupa que alguien pueda disparar un arma en la escuela y que un montón de gente muera. Es muy fácil conseguir un arma."

"Los adolescentes tienen mucha tensión. Tal vez más que sus padres. Ellos pueden decir lo que quieran decirles a sus hijos pero de ningún modo nosotros podemos decir lo que queremos decirles a ellos."

¿Hay algo que tus padres digan o hagan que sea útil para ti?

"Mis padres discuten las cosas conmigo, y tratamos de encontrar soluciones."

"Mi mamá sabe cuándo estoy de mal humor y me deja sola."

"Mi mamá siempre me dice que luzco bien, aun si no es así."

"Mi papá me ayuda si no entiendo mi tarea."

"Una vez mi papá me contó sobre un problema en que se metió cuando era un muchacho. Eso me hizo sentir mejor cuando yo me metí en problemas."

"Mi mamá me habla sobre las cosas que debo decir si la gente quiere que pruebe drogas."

"Mis padres siempre me dicen, 'Fíjate un objetivo o propósito en la vida. Siempre que tengas uno, te mantendrás en la senda.' "

¿Hay algo que tus padres hagan o digan que no sea útil?

"Me culpan por cosas que no son verdaderas. También, cuando les cuento acerca de algo que me enoja, dicen, 'relájate,' u 'olvídalo.' Eso realmente me pone loco."

"Odio cuando me dicen que tengo una mala actitud. Porque ningún niño viene al mundo con una mala actitud. Esa no es la forma en que eres en tu interior. A veces es culpa de los padres. Ellos pueden ser un mal ejemplo."

"Mis padres critican mis hábitos de estudio, lo que es injusto porque me va bien en la escuela."

"Odio cuando mis padres me gritan."

"Mis padres trabajan demasiado duro. Nunca hay suficiente tiempo para hablar con ellos. Quiero decir, acerca de las cosas de todos los días."

"Los padres no deberían criticar y corregir a sus chicos siempre. Mi hermano fue educado de esa forma, y ahora tiene problemas con la autoridad. Renunció a todos sus empleos porque no puede manejarse con la autoridad. Yo soy así también. No puedo oír la corrección. Odio la corrección."

Si pudieras darles consejos a los padres, ¿cuáles serían?

"No digan, 'Puedes contarme todo,' y después se horroricen y nos den sermones cuando lo hacemos."

"No digan cosas como, '¿Todavía estás con el teléfono?' o, '¿Estás comiendo otra vez?' si ven que lo estamos haciendo."

"No nos digan que no hagamos algo y después lo hagan ustedes, como beber o fumar cigarrillos."

"Si llegan a casa de mal humor, no nos carguen con sus problemas o nos culpen por su mal día."

"Los padres no deberían ser agradables afuera y después en casa insultarte, golpearte y faltarte el respeto. Si los chicos son malos a veces es porque eso es lo que ven en casa. De modo que si los padres se sienten frustrados y quieren decir algo desagradable, realmente deberían guardárselo."

"Los padres deberían creer en nosotros. Aun si hacemos algo mal, eso no significa que seamos malas personas."

"No critiquen a nuestros amigos. Ustedes no los conocen realmente."

"No nos hagan sentir culpables si preferimos salir con nuestros amigos antes que con la familia."

"Si quieren que sus chicos les digan la verdad, no los castiguen por cada pequeña cosa."

"Aunque sus hijos ya no sean pequeñitos, díganles que los quieren."

"Si hay alguna forma de que sus hijos experimenten la vida sin estar en peligro, encuentren esa forma y pónganla en práctica, porque eso es lo que necesitamos."

Si pudieras darles consejos a otros adolescentes, ¿cuáles serían?

"No hagas cosas tontas, como las drogas, sólo para conseguir gustarles a otros chicos."

"Sé simpático con todos, aun con los chicos que no son populares."

"No te sumes cuando los chicos molesten a alguien."

"No metas en problemas a otros chicos mandando por e-mail cosas desagradables sobre ellos."

"Cultiva buenas y verdaderas amistades. Después, cuando la vida se ponga difícil y no tengas a nadie, allí estarán ellos."

"Si quieres que tus padres te dejen llegar más tarde a casa, comienza a llegar a casa a horario."

"Si tu novio te dice que te dejará si no tienes sexo con él, entonces tú deberías dejarlo a él."

"No pienses que puedes fumar unos pocos cigarrillos una vez cada tanto y eso es todo. Porque mi amiga empezó de esa forma, y ahora fuma hasta un paquete por día."

"Si tomas o bebes drogas, entiende bien que podrías estar arruinando tu salud y tu futuro. Algunos chicos dicen, 'No me importa. Es mi cuerpo y haré lo que yo quiera con él.' Pero están equivocados. No son sólo ellos los que serán lastimados. Toda la gente que los quiere se sentirá decepcionada y traicionada."

¿Qué cosa desearías que fuera diferente en tu vida—en tu casa, en la escuela o con amigos?

"Desearía que mis padres se dieran cuenta que ya no soy un bebé y que me dejaran hacer más cosas, como ir a la ciudad con amigos."

"Desearía que mis maestros fueran menos exigentes con la tarea. Todos actúan como si la de ellos fuera la única materia. Tenemos que quedarnos hasta muy tarde a la noche para terminar todo. No es raro que después estemos cansados en clase."

"Desearía que mis horarios no fuesen tan apretados con el estudio y las clases de música y que tuviera más tiempo libre para salir con mis amigos."

"Desearía que los chicos no se comportaran amigablemente cuando estás ahí y después hablasen de ti a tus espaldas."

"Desearía que mis amigos se llevaran bien y que no trataran de hacerme poner de parte de uno o de otro."

"Desearía que la gente no te juzgara por la forma en que luces o por tu ropa. Esa es la razón por la que me gusta conectarme en Internet. Porque entonces, aun si luces raro o feo, no importa."

"Desearía que los chicos no se pelearan por cosas tontas como, 'Te vi con mi chica.' Las peleas no solucionan nada. Lo único que finalmente sucede es que terminas suspendido, y después tus padres te castigan también."

"Desearía que los padres no presionaran a sus chicos para que sean perfectos. Quiero decir, vivimos esta vida sólo una vez, de modo que, ¿por qué no nos podemos sentar un poquito y disfrutar de ser adolescentes? ¿Por qué tenemos que ser excelentes todo el tiempo? Sí, tenemos objetivos y sueños, pero, ¿no los podemos alcanzar sin toda esta tensión?"

Cuando la última pregunta había sido contestada, todo el mundo me miró expectante. Dije: "¿Saben qué desearía yo? Desearía que los padres y los adolescentes de todo el mundo hubieran podido oír todo lo que ustedes dijeron esta tarde. Pienso que se hubieran enterado de algunas cosas importantes que podrían ser muy útiles para ellos."

Los chicos parecían complacidos con mi comentario. "Antes de que nos vayamos," pregunté, "¿hay algo de lo que no hayamos hablado que ustedes piensen que los padres deberían tener en cuenta?"

Una mano se levantó a medias, se bajó, después subió otra vez. Era el chico que se parecía a Tony. "Sí, tú les dices a ellos que a veces nosotros gritamos y decimos cosas que los hacen enojar. Pero ellos no deberían tomarlo como algo personal. Muchas veces nosotros ni siquiera queremos decir eso."

"Es verdad," dijo la chica cuya sonrisa se parecía tanto a la de Laura. "Y diles que no se enojen cuando no limpiamos nuestra habitación o no hacemos cosas para ayudar. No es que seamos mocosos. A veces estamos demasiado cansados o tenemos cosas en nuestras cabezas o necesitamos hablar con nuestros amigos."

Otra chica se sumó. "Y pregúntales a los padres si a ellos les gustaría que en el mismo instante en que llegan a casa del trabajo les dijéramos, '¡Dejaste tus platos sucios en la pileta otra vez!' o, '¡Quiero que empieces a hacer la cena *ahora!*' o, '¡No hay televisión hasta que hayas terminado de pagar todas tus cuentas!' "

Todos rieron.

"Realmente," agregó, "mi mamá no está gritando tanto desde que viene a tus clases. No sé qué estará aprendiendo, pero ya no dispara tanto contra nosotros."

"Lo que tu madre y todos los otros padres están aprendiendo," dije, "son las mismas habilidades de comunicación que espero compartir con ustedes la próxima semana. Exploraremos ideas que pueden ayudar a la gente a llevarse mejor en todas sus relaciones."

"¿En todas?" preguntó una de las chicas. "¿Significa que con nuestros amigos también?"

"Con sus amigos también," le aseguré. De todos modos había algo en la forma en que formuló la pregunta que me hizo vacilar. No había planeado centrarme en los amigos en la próxima sesión, pero de repente se me ocurrió que tal vez debería. Tal vez debería atender al pie que me daban los chicos. Oír tantos comentarios hoy acerca de la importancia de sus amistades me había despabilado a una renovada conciencia de cuánta emoción invierten los adolescentes en las interacciones con sus pares.

"¿Cómo se sentirían todos ustedes," le pregunté al grupo, "si usáramos nuestra próxima sesión para ver cómo se podrían aplicar estas habilidades de comunicación a las relaciones con sus amigos?"

Nadie respondió inmediatamente. Los chicos se miraron unos a otros y después de nuevo a mí. Finalmente, alguien dijo, "Eso está muy bueno." Las cabezas asintieron en acuerdo.

"Entonces eso es lo que haremos," dije. "Los veo la próxima semana."

Seis

Sobre Sentimientos, Amigos y Familia

"¡Mueve tu trasero, retardado!"

"¡Cierra la boca, chusma de trailer!"

Las palabras me pegaron mientras que pasaba entre grupos de adolescentes que se arremolinaban alrededor de sus armarios particulares al final de un día de escuela. La consejera social corrió por el pasillo hacia mí. "¡Me alegra haberte alcanzado!" exclamó. "Se reúnen en la 307 hoy. No te preocupes, ya contacté a todos los chicos y les comuniqué el cambio."

Le agradecí y subí rápido las escaleras, tratando de evitar la estampida de chicos que, empujándose, atropellándose, corrían escaleras abajo.

"Ouch, ten cuidado adonde vas, mugroso."

"Cuídate de ti mismo, imbécil."

"¡Hey, cornudo, espérame!"

¿Qué estaba sucediendo? ¿Esa era la forma en que los adolescentes hablaban unos con otros hoy?

Para cuando llegué a la habitación 307, la mayoría de los chicos estaban ya esperando afuera de la puerta. Les hice un gesto para que entraran y, mientras se iban ubicando, describí lo que había oído recién. "Díganme," les pregunté, "¿es esa una forma típica de hablar?"

Se rieron de mi ingenuidad.

"¿No les molesta?" pregunté.

"No, es sólo como estar bromeando. Todo el mundo lo hace."

"No todo el mundo."

"Pero muchos chicos lo hacen."

Eso me frustró. "Como ustedes saben," dije, "mi trabajo tiene que ver con las relaciones. Acerca de cómo las palabras que usamos para comunicarnos afectan la forma en que nos sentimos unos con otros. De modo que necesito preguntarles, seriamente, ¿me están diciendo que a ustedes no les afecta levantarse cada día e ir a la escuela sabiendo que hay grandes posibilidades de que antes de que termine el día, alguien los llame "imbécil" o "mugroso" o algo peor?"

Uno de los chicos se encogió de hombros. "A mí no me molesta."

"A mí tampoco," alguien agregó.

No podía dejar que pasara. "De modo que a nadie aquí le disgusta este tipo de trato."

Hubo una breve pausa.

"A mí a veces," admitió una chica. "Y sé que no debería porque mis amigas y yo siempre nos llamamos unas o otras de ese modo, y es como si sólo estuviéramos jugando. Ya sabes, divirtiéndonos. Pero si desapruebas un examen y alguien te llama 'retardado'—eso me sucedió a mí una vez—o como la vez que me hicieron un mal corte de cabello y mi amigo me dijo que lucía horripilante, entonces no fue gracioso. Les hice creer que no me había molestado. Pero eso fue sólo por fuera."

"¿Qué piensas que sucedería," le pregunté, "si tú no les hicieras creer, si en cambio les dijeras a tus amigos cómo te sientes en tu interior?"

Sacudió su cabeza. "Eso no sería bueno."

"Por qué?"

"Porque ellos se burlarían o se reirían de uno."

"Sí," estuvo de acuerdo otra chica. "Pensarían que eres demasiado sensible y que estás tratando de ser diferente o mejor, y entonces no querrían ser más tus amigos."

Muchas manos salieron disparadas al aire. La gente tenía mucho que decir:

"Pero ésos no son amigos reales. Quiero decir, si tienes que ser falsa y simular que no te molesta sólo para ser aceptado, no se vale."

"Sí, pero muchos chicos harán cualquier cosa para ser aceptados."

"Es verdad. Yo conozco a alguien que empezó a beber y a hacer otras cosas sólo porque sus amigos lo hacían."

"Pero eso es tan tonto, porque deberías poder hacer lo que tú piensas que es correcto y dejar que tus amigos hagan lo que quieran hacer. Yo digo, '¡Vive y deja vivir!"

"Sí, pero ésa no es la forma en que funciona en la vida real. Tus amigos tienen mucha influencia sobre ti. Y si tú no te llevas bien con ellos, podrías ser dejado de lado."

"¿Y qué? ¿Quién quiere amigos como esos? Yo pienso que un amigo verdadero es alguien con quien puedes ser tú mismo, alguien que no trata de cambiarte."

"Alguien que te escucha y le importa lo que sientes."

"Sí, alguien con quien puedes hablar si tienes un problema."

Yo estaba conmovida por lo que los chicos estaban diciendo. Sus amigos eran tan importantes para ellos que algunos estaban dispuestos a renunciar a una parte de sí mismos para ser parte del grupo. Incluso todos ellos sabían, en algún nivel, qué le daba significado a una amistad mutuamente enriquecedora.

"Tenemos que estar en la misma onda," dije. "Desde nuestra

última reunión, he estado pensando mucho acerca de cómo las habilidades que les enseño a los adultos podrían funcionar en las relaciones entre adolescentes. Ustedes acaban de mostrar claramente que la cualidad que ustedes más valoran en un amigo es la habilidad de escuchar, aceptar y respetar lo que ustedes tienen que decir. Ahora, ¿cómo se puede poner esa idea en práctica?"

Busqué en mi maletín y saqué el material que había preparado. "Ustedes verán varios ejemplos aquí de un amigo que trata de comunicarse con otro. También verán el contraste entre la clase de respuesta que puede socavar una relación y la clase que da consuelo y apoyo."

"Repasemos estas páginas juntos," dije mientras las distribuía al grupo. "¿Alguno de ustedes querría actuar las diferentes partes?"

No hubo ni un momento de duda. Todos querían "actuar." Entre explosiones de risas, leyeron sus partes con energía y brillo dramático. Mientras que estaba sentada allí, mirando las ilustraciones y escuchando las voces de los chicos reales, sentía que estaba mirando dibujos animados.

En Lugar de Humillar . . .

Cuando las personas están disgustadas, las preguntas o la crítica las pueden hacer sentir peor.

Escucha con una Inclinación de Cabeza, un Sonido, o una Palabra

A veces un sonido de comprensión, un ronquido, o una palabra pueden ayudar a un amigo a sentirse mejor y a pensar mejor.

En Lugar de Rechazar los Pensamientos y Sentimientos . . .

Cuando un amigo pone tus sentimientos a un lado, es poco probable que quieras continuar con la conversación.

Pon los Pensamientos y Sentimientos en Palabras

Es mucho más fácil hablar con alguien que acepta tus sentimientos y te da la posibilidad de llegar a tus propias conclusiones.

En Lugar de Rechazar los Deseos . . .

Cuando un amigo rechaza tus deseos y te humilla por tenerlos, te puedes sentir frustrado y degradado.

Dale en la Fantasía lo que no Puedes darle en la Realidad

Es más fácil enfrentar la realidad si un amigo puede darnos lo que queremos en la fantasía.

"¿Qué les parecieron estos ejemplos?" pregunté. Sus respuestas llegaron lentamente.

"No es la forma en que los chicos hablan, pero tal vez sería bueno si lo hicieran." "Sí, porque el ejemplo que muestra la forma 'incorrecta' realmente te hace sentir como basura."

"Pero no puedes sólo decir las palabras 'correctas.' Tienes que realmente querer decirlas o la gente creerá que estás siendo falso."

"De alguna forma mucho de esto no suena natural. Es una forma diferente de hablar. Pero tal vez si te acostumbras . . ."

"Yo me podría acostumbrar a oírlo. No sé si podría acostumbrarme a decirlo, y no sé qué pensarían mis amigos si lo hiciera."

"Pienso que todo esto es impresionante. Desearía que todos le hablasen a los demás de esta forma."

"¿Eso incluiría que los chicos les hablen a sus padres 'de esa forma'?" pregunté.

Eso los detuvo. "¿Cuándo, por ejemplo?" preguntó alguien.

"Por ejemplo cuando tu madre o padre está enojado por algo."

Pude ver por sus expresiones de perplejidad que ésta era una nueva dirección para ellos.

"Sólo imagínense," continué, "que una noche su madre o padre llega a casa cansada o cansado del trabajo y con muchas quejas acerca del día: el tráfico estaba pesado, la computadora descompuesta, el jefe no había parado de gritar, y todo el mundo se había tenido que quedar hasta tarde para recuperar el tiempo perdido.

"Bien, ustedes podrían reaccionar diciendo, '¿Piensas que *tú* tuviste un mal día? El mío fue mucho peor.' O ustedes podrían demostrar que comprenden con un comprensivo 'Ah,' o poniendo los pensamientos y sentimientos de sus padres en palabras, o dándoles en la fantasía lo que ustedes no les pueden dar en la realidad."

El grupo estaba intrigado por mi desafío. Hubo una breve pausa, y después, uno por uno, les hablaron a sus padres imaginarios:

"Vaya, Mami, parece que tuviste un mal día."

"Es un verdadero fastidio cuando la computadora está fallando."

"Debes de odiar cuando el jefe grita."

"No es divertido estar atascado en un embotellamiento de tránsito."

"Apuesto a que desearías tener un trabajo al que pudieras ir caminando."

"¡Y que nunca tuvieras que quedarte hasta más tarde de nuevo!"

"Y que tu viejo jefe se jubilara y que tuvieras un jefe nuevo que no gritara."

Estaban todos sonriéndome ahora, obviamente satisfechos consigo mismos.

"¿Sabes qué?" dijo una chica. "Voy a probar esto esta noche con mi mamá. Ella está siempre quejándose de su trabajo."

"Yo quiero probar esto con mi papá," dijo un chico. "Muchas veces él viene a casa tarde y comenta acerca de cuán cansado está."

"Sospecho," dije, "que habrá algunos padres muy agradecidos esta noche. Y no se olviden de traerlos a nuestra reunión final la semana próxima. Será interesante ver qué sucede cuando todos trabajemos juntos."

Los Sentimientos Necesitan ser Reconocidos

Chica: ¡Briana es tan esnob! Pasó delante de mí en el pasillo y no me saludó. Sólo le dice hola a los chicos populares.

Amigo: No dejes que te afecte. ¿Por qué deberías preocuparte por ella?

En lugar de negar los sentimientos:

Reconoce los sentimientos con un sonido o palabra:
"¡Uy!"

Identifica los sentimientos:
"Aunque sabes que es esnob, sin embargo te enoja. A nadie le gusta ser ignorado."

Dale en la fantasía lo que no puedes darle en la realidad:
"¿No desearías que uno de los chicos populares le pagara a Briana con la misma moneda? Que camine al lado de ella como si no existiese. Después que sonría y le diga un gran hola a otra persona."

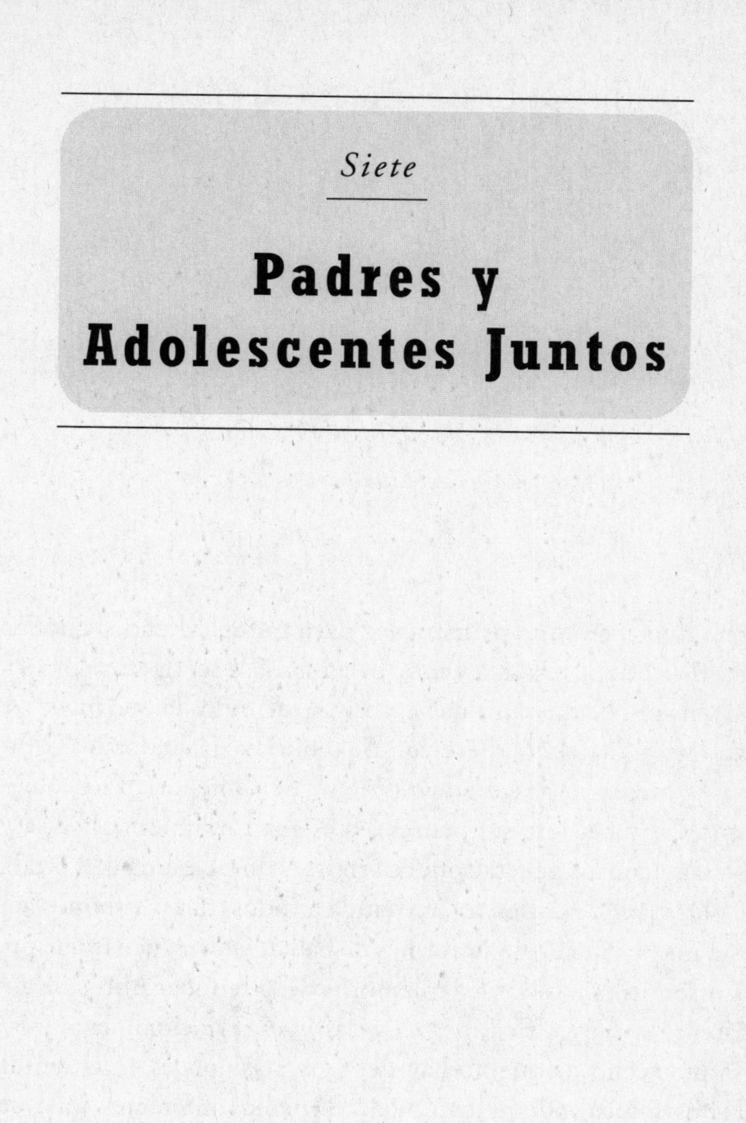

Siete

Padres y Adolescentes Juntos

Esta noche era una primera vez para todos. Mientras que cada familia entraba a la sala y tomaba asiento, se sentía una corriente de tensión. Nadie sabía qué esperar. Y de todos la que menos sabía qué podía ocurrir, era yo. ¿Se sentirían inhibidos los padres por la presencia de sus adolescentes? ¿Se contendrían los adolescentes al saber que sus padres los estaban mirando? ¿Podría yo ayudar a ambas generaciones a sentirse cómodas una con otra?

Después de darles la bienvenida a todos, dije: "Estamos aquí esta noche para explorar formas de hablar y de escuchar que puedan ser útiles a todos los miembros de la familia. Ahora, eso no parece ser muy difícil, pero a veces lo es. Principalmente por el simple hecho de que no hay dos personas iguales en la familia. Todos somos individuos únicos. Tenemos diferentes intereses, diferentes temperamentos, diferentes necesidades y diferentes gustos que a menudo se oponen y entran en conflicto unos con otros. Si pasas suficiente tiempo en cualquier hogar, oirás diálogos como éstos:

'Hace tanto calor aquí. Abriré la ventana.'

'¡No! ¡No lo hagas! ¡Tengo mucho frío!

'Baja esa música. Está demasiado alta!'
'¿Alta? Apenas puedo oírla.'

'¡Apúrate! ¡Se nos hace tarde!'
'Relájate. Tenemos mucho tiempo.'

"Y durante los años de la adolescencia pueden desarrollarse nuevas diferencias. Los padres quieren mantener a sus hijos seguros, protegidos de todos los peligros del mundo exterior. Pero los adolescentes son curiosos. Quieren tener la oportunidad de explorar 'el mundo exterior.'

"La mayoría de los padres quiere que sus adolescentes estén de acuerdo con *sus* ideas de lo que está bien y lo que está mal. Algunos adolescentes cuestionan esas ideas y quieren vivir de acuerdo con lo que sus amigos piensan que está bien o mal.

"Y si eso no fuera suficiente para alimentar las tensiones familiares, también tenemos que afrontar el hecho de que los padres en estos días están más ocupados que nunca y bajo más presión que nunca."

"¡Puedes repetirlo!" dijo Tony.

El adolescente que estaba sentado junto a Tony refunfuñó, "Y los chicos de hoy están más ocupados que nunca y bajo más presión que nunca."

Hubo un coro de "Sí" de los otros adolescentes.

Me reí. "De modo que no es un misterio," continué, "por qué las personas de la misma familia, que se aman unas a otras, podrían irritarse, molestarse y de vez en cuando enfurecerse unos con otros. Entonces, ¿qué podemos hacer con estos sentimientos negativos? A veces estallan y salen de nosotros. Yo me he oído a mí misma decirles a mis propios chicos, '¿Por qué siempre haces eso?' . . . '¡Nunca aprenderás!' . . . '¿Cuál es el problema contigo?' Y he oído a mis chicos decirme, '¡Eso es estúpido!' . . . '¡Eres tan injusta!' . . . 'Las madres de todos mis amigos les dan permiso' . . ."

Hubo sonrisas de reconocimiento en ambas generaciones.

"De algún modo," proseguí, "aun en el momento en que estas palabras están saliendo de nuestras bocas, todos nosotros sabemos, en algún nivel, que esta clase de discurso sólo enoja más a la gente, la pone más a la defensiva, la hace menos capaz de ni siquiera considerar el punto de vista del otro."

"Razón por la cual," suspiró Joan, "a veces acallamos nuestros sentimientos y no decimos nada, sólo para mantener la paz."

"Y a veces," reconocí, "decidir 'no decir nada' no es una mala idea. Al menos, no empeora las cosas. Pero, afortunadamente, el silencio no es nuestra única opción. Si alguna vez nos damos cuenta de que nos estamos molestando o enojando con alguna persona de la familia, debemos parar, respirar profundo, y hacernos una pregunta crucial: *¿Cómo puedo expresar mis sentimientos honestos de forma tal que la otra persona pueda escucharme y, además, tomar en cuenta lo que tengo para decirle?*

"Yo sé que lo que estoy proponiendo no es fácil. Significa que debemos tomar la decisión consciente de no decirle a la otra persona qué está mal con él o ella, sino sólo hablar de nosotros mismos—qué sentimos, qué queremos, qué no nos gusta, o qué nos gustaría."

Me detuve aquí por un momento. Los padres me habían oído exponer sobre este tema muchas veces antes. Los chicos me estaban escuchando por primera vez. Unos pocos me miraban extrañados.

"Voy a entregarles algunas simples ilustraciones," dije, "que les mostrarán lo que quiero decir. Para mí, muestran el poder que ambos, padres y adolescentes, tienen para ya sea aumentar o disminuir los sentimientos de enojo. Tómense unos minutos para mirar estos ejemplos y díganme qué piensan."

Aquí están los dibujos que les entregué al grupo.

A Veces los Chicos Hacen Enojar a los Padres

Cuando los padres están frustrados, a veces se exceden y acusan con enojo.

En Lugar de Acusar . . . Di lo que Sientes y/o Di qué te Gustaría

Es más probable que los adolescentes nos escuchen cuando les decimos cómo nos sentimos, antes que cuán groseros son o equivocados están.

A Veces los Padres Hacen Enojar a los Chicos

Cuando los adolescentes son insultados, a veces están tentados a devolver el insulto.

En Lugar de Contraatacar . . . Di lo que Sientes y/o Di lo que te Gustaría

Es más probable que los padres escuchen cuando les dices lo que sientes, antes que lo que está mal con ellos.

Miré cómo la gente estudiaba las páginas. Después de unos minutos les pregunté, "¿Qué piensan?"

El hijo de Tony, Paul, fue el primero en responder. (Sí, el chico alto y delgadísimo era el hijo de Tony.) "Me imagino que está bien," dijo, "pero cuando me pongo loco, no pienso en qué debería o no debería decir. Sólo suelto mi boca."

"Sí," estuvo de acuerdo Tony. "Él es como yo. Rápido para apretar el gatillo."

"Comprendo," dije. "Es muy difícil pensar o hablar racionalmente cuando estás enojado. Ha habido momentos en que mis propios adolescentes han hecho cosas que me han puesto tan furiosa, que he gritado, '¡En este preciso momento estoy tan enojada que no soy responsable de lo que pueda llegar a decir o hacer! ¡Te conviene mantenerte alejado de mí!' Me imaginaba que eso les daba a ellos alguna protección y a mí un poco de tiempo para bajar los decibeles."

"¿Y después qué?" preguntó Tony.

"Después salía a correr alrededor de la manzana o tomaba la aspiradora y limpiaba todos los pisos—cualquier cosa física, cualquier cosa que me hiciese mover. ¿Qué los ayuda a ustedes a calmarse cuando están realmente muy, muy enojados?" Hubo unas pocas sonrisas medio avergonzadas. Los chicos fueron los primeros en responder:

"Yo cierro la puerta de mi habitación y pongo música a todo volumen."

"Yo insulto en voz baja."

"Yo salgo a dar una larga vuelta en bicicleta."

"Yo le pego duro a mi batería."

"Hago flexiones de brazos hasta que caigo rendido."

"Me peleo con mi hermano."

Hice un gesto hacia los padres. "¿Y ustedes?"

"Yo voy directo al refrigerador y como todo el helado."

"Yo lloro."
"Yo le grito a todo el mundo."
"Llamo a mi esposo al trabajo y le cuento qué ha sucedido."
"Me tomo un par de aspirinas."
"Escribo una larga carta insultante y después la rompo."

"Ahora imagínense," les dije, "que ustedes ya han hecho aquello que hacen para atenuar el enojo que tienen y que se sienten un poquito más capaces de expresarse fructíferamente. ¿Qué pueden hacer? ¿Pueden decirle a la otra persona lo que quieren, o sienten, o necesitan, en lugar de culparlos o acusarlos? Por supuesto que pueden. Pero lleva un poquito de trabajo pensarlo y realmente ayuda tener un poco de práctica."

"En las ilustraciones que les acabo de entregar, usé ejemplos de mi propia casa. Ahora me gustaría pedirles a todos ustedes que traten de recordar algo que suceda en sus casas que les moleste, irrite, o enoje. Tan pronto como lo hayan pensado, por favor escríbanlo."

El grupo parecía alarmado con mi pedido. "Puede ser una gran cosa o una cosa pequeña," agregué. "Ya sea algo que haya sucedido o incluso algo que ustedes se imaginen que podría suceder."

Los padres y los chicos se miraron unos a otros tímidamente. Alguien dejó escapar una risita, y después de unos minutos todos empezaron a escribir.

"Ahora que han identificado el problema," dije, "probemos dos formas diferentes de lidiar con esto. Primero escriban lo que ustedes podrían decir que empeoraría las cosas." Hice una pausa aquí para darles a todos tiempo para escribir. "Y ahora lo que ustedes podrían decir que le posibilitara a la otra persona oírlos y considerar sus puntos de vista."

La sala quedó en silencio mientras que la gente abordaba el desafío que les había propuesto. Cuando todos parecían listos, dije: "Ahora, ¿podría cada uno de ustedes tomar sus papeles y buscar un padre o un hijo que *no* sea el propio y sentarse al lado de él o ella?

Después de unos minutos de confusión general, entre ruidos de sillas que se movían y gritos de "¡Yo necesito un hijo!" y "¿Quién quiere ser mi padre?" la gente finalmente se ubicó en nuevas parejas.

"Ahora," dije, "estamos listos para el próximo paso. Por favor, por turnos lean sus planteos contrastantes unos a otros y presten atención a sus propias reacciones. Después hablaremos sobre ello."

La gente hacía ensayos antes de empezar. Había mucha discusión acerca de quién comenzaría la escena. Pero una vez que tomaron la decisión, tanto los padres como los adolescentes asumieron sus roles con convicción. Hablaron suavemente uno al otro al principio y poco a poco se animaron más y lo hicieron en voz más alta. La representación de una pelea entre Michael y Paul (el hijo de Tony) concentró todas las miradas.

"¡Pero tú siempre lo pospones hasta el último minuto!"

"¡No es cierto! Te dije que lo haré más tarde."

"¿Cuándo?"

"Después de la cena."

"Eso es demasiado tarde."

"No, no lo es."

"¡Sí, sí lo es!"

"¡Sólo deja de fastidiarme y déjame solo!"

De repente los dos se detuvieron, conscientes de que la sala estaba en silencio y que todos estaban mirándolos.

"Estoy tratando que mi hijo empiece a hacer la tarea más temprano," explicó Michael, "pero me está haciendo difíciles las cosas."

"Eso sucede porque no me deja en paz," dijo Paul. "Él no se da cuenta de que cuanto más me molesta, más tarde empiezo."

"De acuerdo, me rindo," dijo Michael, "ahora déjame tratar de la otra forma." Respiró profundo y dijo, "Hijo, he estado pensando... Te he estado presionando para que empieces tu tarea temprano porque eso es lo que siento que está bien para mí. Pero de ahora en adelante voy a confiar en ti y en que vas a empezar a la hora que te parezca bien a ti. Todo lo que te pido es que esté terminada a alguna hora antes de las nueve y media o las diez como más tarde, de modo que puedas tener suficientes horas de sueño."

Paul brilló en una gran sonrisa. "¡Epa, Papi, eso estuvo mucho mejor! Me gustó."

"De modo que lo hice bien," dijo Michael con orgullo.

"Sí," respondió Paul. "Y verás, yo lo haré bien también. Haré mi tarea. No tendrás que recordármelo."

El grupo parecía ansioso por actuar después de la demostración que había presenciado. Varios equipos de padres y chicos se ofrecieron a leer sus diálogos contrastantes en voz alta. Todos nos inclinamos hacia delante y escuchamos con atención.

Madre *(acusando):*
"¿Por qué siempre tienes que discutir cuando te pido que hagas algo? Nunca te ofreces para ayudar. Lo único que oigo de ti es, '¿Por qué yo? Estoy ocupado.' "

(Describiendo los sentimientos):
"Odio tener que discutir cuando pido ayuda. Me haría tan feliz oír, 'No digas nada más, Mami. ¡Ya lo estoy haciendo!' "

Adolescente *(acusando):*
"¿Por qué no me diste mis mensajes? Jessica y Amy me dijeron que llamaron, y tú nunca me lo dijiste. ¡Ahora me perdí el partido y todo por tu culpa!"

(Describiendo los sentimientos):
"Mami, es realmente importante para mí recibir todos los mensajes. Me perdí el partido porque cambiaron el día y cuando yo me enteré ya era demasiado tarde."

Padre *(acusando):*
"Lo único que oigo de ti es 'Dame...' 'Consígueme...' 'Llévame aquí,' 'Llévame allá.' No importa cuánto haga por ti, nunca es suficiente. ¿Y alguna vez recibo un gracias? ¡No!"

(describiendo los sentimientos):
"Me hace feliz ayudar cada vez que puedo. Pero cuando lo hago, me gustaría recibir alguna palabra de agradecimiento."

Adolescente *(acusando):*
"¿Por qué no puedes ser como las otras madres? Todas mis amigas pueden ir al mall *solas. Tú me tratas como a un bebé."*

(describiendo los sentimientos):
"Odio quedarme en casa un sábado a la noche cuando mis amigas están todas divirtiéndose en el mall. *Siento que ya soy lo suficientemente grande ahora como para cuidarme a mí misma."*

Laura, que había estado escuchando con especial interés ya que su propia hija leía las últimas afirmaciones, de repente dejó salir un chillido. "¡Oh, no, Kelly Ann! No me importa qué digas o cómo lo digas, no voy a dejar que una chica de trece años vaya al mall a la noche. Tendría que estar loca—con lo que está sucediendo en el mundo hoy."

Kelly se puso roja. "Mami, *por favor,*" suplicó.

A todos nos llevó unos segundos darnos cuenta de que lo que había sido un ejercicio de práctica para el grupo, era un conflicto muy real y actual entre Laura y su hija.

"¿Estoy equivocada?" me preguntó Laura. "Aun cuando esté con amigas, todavía son chicas. Es totalmente irresponsable permitirles a chicas tan jovencitas andar dando vueltas por el mall a la noche."

"Ma, nadie da vueltas," replicó Kelly acaloradamente. "Entramos a los negocios. Además, es perfectamente seguro. Hay toneladas de gente por todos lados todo el tiempo."

"Bien," dije, "tenemos dos puntos de vista diferentes aquí. Laura, tú estás convencida de que el mall no es lugar para una chica de trece años sin supervisión a la noche. Tú anticipas demasiados riesgos potenciales.

"Kelly, para ti el mall parece 'perfectamente seguro,' y sientes que se te debería permitir ir allí con tus amigas." Me dirigí al grupo. "¿Estamos atrapados sin salida aquí, o podemos pensar en algo que satisfaga las necesidades de ambas, Kelly y su mamá?"

El grupo no perdió un minuto. Tanto padres como adolescentes se embarcaron en la búsqueda de soluciones al problema.

Padre (a Laura): Te diré lo que hago con mi hija. Las llevo allí a ella y a sus amigas en mi auto y les digo que se pueden quedar dos horas. Pero tiene que llamarme después de una hora y llamarme después cuando están listas para que las pase a buscar. Sé que es muy molesto para ella, pero me da un poco de tranquilidad a mí.

Chica adolescente (a Laura): Le puedes comprar un teléfono celular a Kelly. De esa forma, podría llamarte si tiene algún problema y tú podrías comunicarte con ella en cualquier momento.

Otro padre (a Laura): ¿Qué tal si llevas a las chicas y caminas siguiéndolas pero no muy de cerca? Das unas vueltas con ellas un ratito. Después tú haces unas compras para ti, ponen una hora y un lugar para encontrarse y las traes a casa.

Chico adolescente (dieciséis años, alto y buen mozo, hablándole a Kelly): Si quieres ir al mall con tus amigas, ¿por qué no le permites a tu mamá que vaya contigo?

Kelly: ¿Estás bromeando? Mis amigas se horrorizarían.

Laura: ¿Por qué? Les gusto a todas tus amigas.

Kelly: De ninguna forma. Eso sería muy incómodo para mí.

El mismo adolescente lindo (sonriéndole a Kelly): Supongamos que les dices a tus amigas que lo soporten, sólo una o dos veces, de modo que tu mamá pueda ver el lugar, adónde vas, qué haces. De ese modo, tal vez se quede más tranquila.

Kelly (encantada por él): Puede ser *(mira, interrogándola, a su mamá).*

Laura: Yo podría hacer eso.

Yo estaba impresionada por lo que acababa de ver. Para mí aun más impactante que la pronta resolución del conflicto era la forma en que el grupo había respondido al desencuentro entre Laura y Kelly. Nadie había tomado partido por una o por otra. Todos habían mostrado profundo respeto por los sentimientos de ambas, la madre y la hija.

"Ustedes me acaban de dar una clara demostración," dije, "de una forma muy civilizada de abordar nuestras diferencias. Parece que tenemos que superar nuestra tendencia natural a probarnos a nosotros mismos que tenemos la razón y que la otra persona está equivocada: '¡Estás equivocado en esto! ¡Y estás equivocado en aquello! ¿Por qué suponen que, simplemente, no es tan natural para nosotros señalar lo que está bien? ¿Por qué no somos tan rápidos para elogiar como lo somos para criticar?"

Hubo una breve pausa y después un ráfaga de respuestas. Primero de los padres:

"Es muchísimo más fácil encontrar la falta. Eso no implica ningún esfuerzo. Pero para decir algo lindo hay que tomarse el trabajo de pensarlo."

"Eso es verdad. Como anoche, mi hijo bajó su música cuando se dio cuenta que estaba hablando por teléfono. Aprecié su gesto, pero no me molesté en agradecerle que haya sido tan considerado."

"No entiendo por qué los chicos tienen que ser elogiados por hacer lo que se supone que tienen que hacer. Nadie me elogia a mí por tener lista la cena sobre la mesa todas las noches."

"Mi padre pensaba que elogiar era malo para los chicos. Nunca me felicitó por nada porque no quería 'inflarme la cabeza.' "

"Mi madre se iba al otro extremo. Nunca dejaba de decirme cuán maravillosa era: 'Eres tan hermosa, tan inteligente, tan talentosa.' No se me infló la cabeza porque nunca le creí."

Los adolescentes se unieron a la discusión:

"Sí, pero si una chica les creyera a sus padres y pensara que es tan especial, cuando va a la escuela y ve cómo son los otros chicos, podría sentirse realmente decepcionada."

"Pienso que los padres y los maestros dicen cosas como 'maravilloso,' o 'gran trabajo,' porque piensan que se supone que lo dirán. Tú sabes, para alentarte. Pero para mí y mis amigos, nosotros pensamos que suena falso."

"Y a veces los adultos te elogian para que hagas lo que ellos quieren que hagas. Deberías haber oído a mi abuela la vez que me corté el cabello muy corto. 'Jeremy, apenas te reconocí. ¡Luces tan buen mozo! Deberías tener tu cabello de ese modo todo el tiempo. ¡Pareces una estrella de cine!' Sí, claro."

"Yo no pienso que haya nada malo en un elogio si es sincero. Yo sé que me siento muy bien cuando recibo uno."

"¡Yo también! Me gusta cuando mis padres dicen algo lindo sobre mí delante de mí. Realmente pienso que a la mayoría de los hijos les hace bien un poquito de elogios de vez en cuando."

"Tengo noticias para ustedes, chicos," dijo Tony. "A la mayoría de los *padres* también les hace bien un poquito de elogios—de vez en cuando."

Hubo una explosión de aplausos de parte de los padres.

"Bien," dije, "ciertamente ustedes han expresado una gran variedad de sentimientos acerca del elogio. A algunos de ustedes les gusta y no les molestaría oír muchos más. Y sin embargo para algunos de ustedes es incómodo. Sienten que el elogio es, o falso o manipulador.

"¿La diferencia en sus respuestas podría tener algo que ver con *la forma* en que son elogiados? Yo creo que sí. Palabras como, 'Eres maravilloso... el mejor... tan honesto... inteligente... generoso...' nos pueden hacer sentir incómodos. De repente recordamos los momentos en que no fuimos tan maravillosos u honestos o inteligentes o generosos.

"¿Qué podemos hacer en cambio? Podemos describir. Podemos describir lo que vemos o lo que sentimos. Podemos describir el esfuerzo de una persona, o podemos describir su logro. Cuanto más específicos podamos ser, mejor.

"¿Pueden sentir la diferencia entre '¡Eres tan inteligente!' y 'Has estado trabajando en ese problema de álgebra por un largo tiempo, pero no te detuviste ni renunciaste hasta que llegaste a la respuesta?' "

"Sí, claro," gritó Paul. "Lo segundo que dijiste es definitivamente mejor." "¿De qué modo?" pregunté.

"Porque si me dices que soy tan inteligente, pienso, *Ojalá,* o, *Está tratando de adularme.* Pero de la segunda forma, pienso, *¡Oye, me parece que soy inteligente! Sé cómo insistir en algo hasta conseguir la respuesta."*

"Exactamente," dije. "Cuando alguien describe lo que has hecho o estás tratando de hacer, usualmente llegamos a una apreciación más profunda de nosotros mismos. En las ilustraciones que les estoy entregando ahora, verán ejemplos de padres y de adolescentes a los que se elogia—primero con evaluación, después con descripción. Por favor vean la diferencia en lo que la gente se dice a sí misma en respuesta a cada elogio."

Al Elogiar a un Chico en Lugar de Evaluarlo . . .

Describe lo que Sientes

Diferentes formas de elogio pueden conducir a los chicos a muy diferentes conclusiones acerca de sí mismos.

Al Elogiar a un Chico

en Lugar de Evaluarlo . . .

HOLA, MAMI. LAVÉ TODA LA ROPA.

ERES SIEMPRE TAN CONFIABLE.

NO SIEMPRE. MUCHAS VECES PROMETO HACER ALGO Y NO LO HAGO.

Describe lo que Ves

Las evaluaciones pueden hacer sentir incómodos a los chicos. Pero una descripción considerada de sus esfuerzos o logros siempre es bienvenida.

Al Elogiar a los Padres

en Lugar de Evaluarlos . . .

Describe lo que Sientes

Las personas tienden a rechazar el elogio que los evalúa. Una descripción honesta, entusiasta es más fácil de aceptar.

Al Elogiar a los Padres

en Lugar de Evaluarlos . . .

Describe lo que ves

Las palabras que describen a menudo conducen a la gente a una apreciación mayor de sus fortalezas.

Vi a Michael afirmando con su cabeza mientras repasaba las ilustraciones.

"¿En qué estás pensando, Michael?" le pregunté.

"Estoy pensando que antes de esta noche hubiera dicho que cualquier tipo de elogio era mejor que nada. Yo creo fervientemente que es bueno que la gente se dé una palmadita en la espalda. Pero estoy empezando a ver que hay diferentes formas de hacerlo."

"¡Y mejores formas!" anunció Karen levantando sus ilustraciones. "Ahora entiendo por qué mis hijos se irritan tanto cuando les digo que son 'maravillosos' o 'fantásticos'. Los vuelve locos. Bien, de modo que ahora tengo que recordar: *¡describe, describe!"*

"Sí," gritó Paul desde la parte de atrás de la habitación. "Suprime la cosa sensiblera y di lo que te gusta sobre la persona."

Yo me agarré del comentario de Paul. "Supongamos que todos hacemos exactamente eso—ahora," dije. "Por favor, vuelvan a sus verdaderas familias. Después tómense un momento para pensar acerca de una cosa específica que a ustedes les guste acerca de sus padres o de su adolescente. Tan pronto como algo aparezca en sus mentes, pónganlo por escrito. ¿Qué podrían decir para hacerle saber a la otra persona qué es lo que ustedes admiran o aprecian de él o ella?"

Hubo una ola de risitas nerviosas. Los padres y los hijos se miraron unos a otros, apartaron sus miradas, y se concentraron en sus papeles. Cuando todo el mundo había terminado de escribir, les pedí que intercambiaran sus papeles.

Observé en silencio cómo crecían las sonrisas, los ojos se llenaban de lágrimas y la gente se abrazaba. Era muy tierno verlo. Podía oír, "No pensé que te dieras cuenta..." "Gracias. Eso me hace realmente feliz..." "Me alegra que haya ayudado..." "Yo también te quiero."

El custodio asomó su cabeza por la puerta. "Pronto," le dije moviendo los labios pero sin emitir sonido. Hacia el grupo dije: "Querida gente, hemos llegado al final de nuestra última reunión. Hoy vimos cómo podemos expresarle nuestra irritación al otro de forma que sea útil antes que ofensivo. Y también vimos formas de expresar nuestras apreciaciones de modo que cada persona de la familia pueda sentirse visible y valiosa.

"Hablando de apreciación, quiero que ustedes sepan qué enorme placer ha sido para mí trabajar con todos ustedes todas estas semanas. Sus comentarios, pensamientos, sugerencias, deseo de explorar nuevas ideas y de probarlas han hecho que ésta sea una experiencia muy gratificante para mí."

Todos aplaudieron. Pensé que la gente se iría después de eso. No lo hicieron. Daban vueltas, hablaban unos con otros, y después cada familia se alineó para decirme adiós personalmente. Querían que supiera que esa noche había sido importante para ellos. Enriquecedora. Tanto los chicos como los padres me dieron sus manos y me agradecieron.

Cuando todo el mundo se había ido, me quedé parada allí, perdida en mis pensamientos. Constantemente en los medios estos días se muestra la imagen de padres y adolescentes como adversarios. Sin embargo, aquí, esta noche, yo había sido testigo de una dinámica muy diferente. Padres y adolescentes como compañeros. Las dos generaciones aprendiendo y usando habilidades. Las dos generaciones apreciando la oportunidad de hablar unos con otros. Felices de poder conectarse unos con otros.

La puerta se abrió. "Oh, ¡qué bueno que no te hayas ido todavía!" Eran Laura y Karen. "¿Piensas que podríamos tener una reunión más el próximo miércoles, sólo para padres?"

Dudé. No había planeado continuar.

"Porque estábamos todos hablando en el estacionamiento acerca de todas las cosas que suceden con nuestros hijos que pensamos que no debíamos mencionar esta noche con ellos sentados aquí."

"Y tú no tendrías que preocuparte por contactar a la gente. Nosotros nos ocuparíamos de eso."

"Sabemos que es un pedido en el último minuto, y algunos padres ya dijeron que no podrían venir, pero es *realmente* importante."

"¿Estaría bien para ti? Sabemos cuán ocupada estás, pero si tienes tiempo . . ."

Miré sus rostros ansiosos y mentalmente arreglé mis horarios de otra forma.

"Me haré el tiempo," les dije.

Para Expresar tu Irritación

A TU ADOLESCENTE

En lugar de acusar o insultar:

"¿Quién es el cabeza de pajarito que salió de la casa y se olvidó de cerrar con llave la puerta?"

Di lo que sientes: "Me trastorna pensar que alguien podría haber entrado a nuestra casa mientras que estábamos afuera."

Di qué te gustaría y/o esperas: "Yo espero que la última persona que deja la casa se asegure de que la puerta quede cerrada con llave."

A TUS PADRES

En lugar de culpar o acusar:

"¿Por qué siempre me gritas frente a mis amigos? ¡Nadie tiene padres que hagan eso!"

Di lo que sientes: "No me gusta que me griten frente a mis amigos. Es incómodo."

Di qué te gustaría y/o esperas: "Si estoy haciendo algo que te molesta, sólo di: 'Necesito hablar contigo un segundo,' y dímelo en privado."

Para Expresar Apreciación

A TU ADOLESCENTE

En lugar de evaluar:
"Siempre eres tan responsable."

Describe lo que hizo: "A pesar de que estabas bajo mucha presión por tu ensayo, te ocupaste en llamar para avisar cuando te diste cuenta de que llegarías tarde."

Describe lo que sientes: "Esa llamada telefónica me ahorró un montón de preocupación. ¡Gracias!"

A TUS PADRES

En lugar de evaluar:
"Buen trabajo, Papi."

Describe lo que hizo: "Chico, te pasaste la mitad del sábado instalando ese cesto de básquetbol para mí."

Describe lo que sientes: "Realmente aprecio eso."

Ocho

Lidiando con el Sexo y las Drogas

El grupo era más pequeño esa noche. Lo suficientemente pequeño como para que nos mudásemos a la biblioteca y nos sentáramos alrededor de una mesa de conferencias. Varias de las personas comenzaron a hablar acerca de la reunión de la última semana. De cuánto la habían disfrutado. De cuánto mejor iban las cosas en casa. De cómo, desde entonces, ambos—tanto ellos como los chicos—se sorprenderían a sí mismos repitiendo algunas de las viejas cosas negativas, se sonreirían conscientes de sí mismos y dirían, "¡Hazlo otra vez!" y empezarían de nuevo. Y aún cuando las nuevas palabras sonaban un poquito torpes o poco familiares, aun así se sentían bien.

Karen trató de escuchar pacientemente, pero yo percibía que apenas podía contenerse. En el primer silencio de la conversación, dijo abruptamente: "Siento ser negativa, y siento aun más mencionar el tema, pero todavía estoy trastornada por algo que sucedió en una fiesta en la que estuvo Stacey la semana pasada." Hizo una pausa aquí y respiró profundo. "Supe que una de las chicas de su clase le estuvo dando sexo oral a algunos de los chicos. Ahora, yo no soy una mojigata, y no creo que sea ingenua. Y sé que hoy suceden entre los adolescentes toda clase de cosas de las que ni se oían cuando yo era chica. ¡Pero chicos de doce y trece años! ¡En nuestra comunidad! ¡En una fiesta de cumpleaños!"

Todos los que estaban alrededor de la mesa querían dar su opinión sobre el tema:

"Es difícil de creer, ¿no es cierto? Pero de acuerdo a lo que he estado leyendo, está sucediendo en todos lados. Y con chicos que son aun más jóvenes. Y no sólo en fiestas. Lo están haciendo en el baño de la escuela, en el autobús, y en la casa antes de que sus padres regresen del trabajo."

"Lo que yo encuentro más inquietante es que los chicos ni siquiera lo ven como un asunto importante. El sexo oral para ellos es como lo que para nosotros era un beso de las buenas noches. Ni siquiera lo piensan como sexo. Después de todo, no es penetración, de modo que sigues siendo virgen. Y no puedes quedar embarazada, así que se imaginan que es seguro."

"*No* es seguro. Eso es lo que más me asusta. Mi hermano es médico, y me dijo que practicando sexo oral, los chicos pueden contraer algunas de las enfermedades que pueden contagiarse a través del sexo regular, como herpes orales o gonorrea de la garganta. Me dijo que la única protección era un condón. Y aun así no era cien por ciento seguro. Un chico podía tener verrugas genitales o lesiones en su escroto, y ningún condón ayudaría ya que no cubre esa área."

"Me siento enferma de sólo escucharlo. Toda la situación es una pesadilla. En mi opinión, la única protección es no hacer nada."

"Sí, pero enfréntalo. Es un mundo diferente hoy. Y de acuerdo a lo que he estado oyendo, es algo que las chicas les hacen a los chicos, no al revés. Algunas chicas incluso lo hacen públicamente."

"He oído eso también. Evidentemente la chica se siente presionada a 'actuar' para ser popular. Lo que ella no se da cuenta es que la gente habla, y ella se gana la reputación de ser 'sucia' o indecente."

"Pero la reputación del chico crece. Él tiene derecho a jactarse."

"A mí me preocupan los chicos y las chicas. ¿Cómo se sienten consigo mismos después—como, por ejemplo, cuando al día siguiente se ven uno al otro en el pasillo de la escuela? Y cómo tener este tipo de sexo—y *es* sexo porque si involucra órganos sexuales es sexo—afecta sus relaciones futuras."

Con el comentario de cada persona, Karen se ponía visiblemente más agitada. "Está bien, está bien," dijo. "De modo que está ampliamente difundido y un montón de chicos andan en esto, pero, ¿qué se supone que debo hacer yo acerca de esto? No puedo ignorarlo. Sé que tengo que hablar con Stacey acerca de lo que sucedió en la fiesta. Pero no sé siquiera por dónde empezar. La verdad es que hasta me resulta incómodo mencionar el tema con ella."

Hubo una larga pausa. Los padres se miraron unos a otros, confundidos, y luego a mí. Esto no era fácil. "De lo que estoy segura," comencé, "es qué no decir: 'Stacey, sé todo lo que sucedió en esa fiesta en la que estuviste la semana pasada, y estoy impactada y repugnada. ¡Es lo más repulsivo que haya oído! ¿Había sólo una chica haciendo 'ya sabes qué' a los chicos? ¿Estás segura? ¿Alguien te pidió a ti que lo hicieras? Y, ¿lo hiciste? ¡No me mientas!'

"En lugar de demostrarle tu repulsión o darle una lección del tercer grado, tendrías mayores posibilidades de tener una conversación productiva si te exiges a ti misma mantener un tono neutral y hacer preguntas generales y no personales. Por ejemplo, 'Stacey, oí algo que me tomó por sorpresa, y quiero chequearlo contigo. Alguien me dijo que en las fiestas algunos de los chicos tienen sexo oral, aun en la fiesta en la que tú estuviste la semana pasada.'

"Ya sea que ella lo confirme o lo niegue, tú puedes continuar la conversación—de nuevo, sin emitir juicio: 'Desde que lo oí me he estado preguntando si es algo que las chicas hacen porque se sienten presionadas por los muchachos o si es porque piensan que eso las hará más populares. También me he estado preguntando qué sucede si una chica se rehúsa.'

"Después de que Stacey te diga todo lo que pueda sin sentirse incómoda, tú puedes expresar tu punto de vista. Pero dado que el tema puede ser difícil para los padres, tú podrías querer tomarte un tiempo antes para decidir exactamente qué es lo que quieres comunicar."

"Yo sé qué es lo que quiero comunicar," Karen dijo con pesadumbre. "Sólo que no creo que ella pueda oírlo."

Laura lucía desconcertada. "¿Qué no podría oír?"

"Que yo siento que es incorrecto que una persona use a otra para satisfacer una urgencia sexual. O que cualquiera se 'sirva' de otra persona sólo por ser popular. Para mí eso es degradante. Es no ser respetuoso contigo mismo. Y eso va tanto para un chico como para una chica."

"Me parece bien a mí," dijo Laura. "¿Por qué no le podrías decir eso a Stacey?"

"Supongo que podría," suspiró Karen, "pero conozco a mi hija. Ella probablemente me dirá que soy rígida y anticuada, que simplemente no 'lo entendí,' y que los chicos de hoy no piensan que eso sea un asunto tan grave. Es sólo lo que hacen en algunas fiestas. Entonces, ¿qué le respondo?"

"Puedes empezar," le dije, "reconociendo su perspectiva: 'Entonces para ti y para muchos chicos que tú conoces no es un asunto importante.' Después puedes continuar compartiendo tu perspectiva de adulto. 'Tal como yo lo veo, el sexo oral es un acto muy personal, muy íntimo. No una distracción en una fiesta. No es algo que hagas para divertirte. Y no puedo evitar preguntarme si algunos de los chicos que participan no se sienten mal después y desean no haberlo hecho.' No importa qué diga Stacey después de que le hayas dado algo en que pensar. Al menos ella sabe qué piensa su madre."

"¡Correcto!" dijo Michael. "Y ya que estás ahí, a Stacey se le debería contar acerca de los riesgos para la salud. Acerca de las enfermedades de transmisión sexual que los chicos pueden contagiarse a través del sexo oral. O de cualquier tipo de sexo, para el caso. Necesita entender que algunas de las enfermedades son curables, pero otras no. Algunas son verdaderas amenazas a la vida. No son nada con lo que se pueda andar jugando."

Laura sacudió su cabeza. "Si fuera mi hija, tendría sus manos sobre sus orejas a esta altura. Nunca pudo soportar que le insistiera con todas las terribles enfermedades que se podría contagiar."

"¡Pero nosotros somos sus padres!" exclamó Michael. "Les guste a los chicos o no, hay muchas cosas que necesitamos decirles acerca del sexo para su propia protección."

A Laura se la veía apenada. "Sé que tienen razón," reconoció, "pero la verdad es que tengo miedo a tener la 'gran plática' con mi hija."

"No eres la única," le dije. "La 'gran plática' puede ser incómoda para las dos partes, los padres y los chicos. Además, el tema del sexo es demasiado importante y demasiado complejo para tratar de abordarlo en una sola sentada. En cambio, estén atentos a las posibilidades que puedan conducir a 'pequeñas' pláticas. Por ejemplo, cuando estén mirando una película o un programa de televisión juntos, o escuchando las noticias en la radio, o leyendo un artículo en una revista, ustedes pueden utilizar lo que están viendo o escuchando para empezar una conversación."

Mi sugerencia hizo centellear respuestas inmediatas. Evidentemente varios de ellos ya estaban utilizando este acercamiento con sus hijos. Aquí, en las ilustraciones, hay algunos de los ejemplos que ellos compartieron con el grupo.

En Lugar de una "Gran Plática" . . .

La primera gran plática sobre sexo puede ser, para un padre, difícil de dar; y para un adolescente, difícil de escuchar.

Busca las Oportunidades Para Tener "Pequeñas Pláticas"

Mientras que Escuchan la Radio

Mientras que Lees el Diario

Mientras Miran una Comedia Juntos

Mientras que Manejas el Auto

Joan alzó la mano. "Mi mamá nunca, nunca, hubiera podido mencionar ninguno de estos temas conmigo. Se hubiera muerto de vergüenza. Sin embargo hizo algo. Cuando yo tenía aproximadamente doce años, me dio un libro acerca de los 'hechos de la vida.' Yo simulé no estar interesada, pero lo leí de la primera a la última página. Y en cualquier momento en que mis amigas venían a casa, nos encerrábamos en mi cuarto, sacábamos 'El Libro,' lo leíamos de nuevo, y nos reíamos mirando las ilustraciones."

"Lo que me gusta de un libro," dijo Jim, "es que le da al chico un poquito de privacidad, la posibilidad de repasar el material una y otra vez sin nadie que mire sobre su hombro. Pero ningún libro va a ser un substituto del padre. Los chicos quieren saber qué piensan sus padres. Qué esperan sus padres de ellos."

"Esa es la parte que me preocupa," dijo Laura. "La parte de la 'expectativa.' Quiero decir, si estás hablando con tus chicos sobre sexo y dándoles libros sobre sexo con ilustraciones, ¿no se harán la idea de que tú *esperas* que ellos estén teniendo sexo y de que tienen tu permiso?"

"Para nada," dijo Michael. "No si tú pones en claro que lo que estás dándoles es información, *no* permiso. Además me parece que si no les damos a nuestros chicos algunos hechos básicos, los estaríamos exponiendo a riesgos. Si hay algo que creemos que ellos deberían saber para su propia protección, la única forma en que podemos estar seguros de que lo sabrán, es darles la información nosotros mismos."

Michael hizo una pausa aquí, buscando un ejemplo en su cabeza. "Por ejemplo, ¿cuántos chicos saben cómo usar un condón en forma segura, realmente cómo ponérselo y cómo sacárselo? ¿Y cuántos saben que necesitan controlar la fecha de vencimiento en el envoltorio? Porque un condón vencido es tan efectivo como no usar condón para nada."

"Guau," dijo Laura, "*Yo* ni siquiera sabía eso . . . Y me pregunto cuántas chicas se dan cuenta de que, no importa qué les digan sus amigas, *pueden* quedar embarazadas la primera vez que tienen sexo, aun si están con su período."

Michael asintió vigorosamente con la cabeza, "Esa es exactamente la clase de cosa a la que me refiero," dijo. "Y aquí hay algo más. Apuesto que no se les ocurre a la mayoría de los chicos que aun cuando estén teniendo sexo con una sola persona, esa persona puede haber tenido sexo con montones de personas. ¡Y quién sabe qué enfermedades se han transmitido a lo largo del camino!"

Tony frunció su ceño. "Cada una de las cosas que todos ustedes acaban de decir es muy importante. Quiero decir, ustedes tienen razón. Tienes que contarles a tus chicos sobre los peligros. Pero, ¿no deberías también contarles que hay una parte buena en el sexo? Que es normal, natural . . . uno de los placeres de la vida. Hey, ¡es como llegamos todos aquí!"

Cuando la risa se apaciguó, dije: "De cualquier modo, Tony, esos sentimientos 'normales, naturales' a veces pueden agobiar a nuestros chicos y hacer estragos con su juicio. Los adolescentes de hoy están bajo una enorme presión. No sólo de sus hormonas y sus pares sino también de una cultura pop sexualizada que los bombardea con imágenes eróticas explicitas en la televisión, en las películas, en la música, y en Internet.

"Entonces, sí, es normal que los chicos quieran experimentar, poner en práctica lo que han visto u oído. Y sí, nosotros queremos transmitir que el sexo es 'uno de los placeres de la vida.' Pero necesitamos ayudar a nuestros adolescentes a poner un límite. Necesitamos compartir nuestros valores de adultos y darles algunas pautas a las que puedan aferrarse."

"¿Por ejemplo?" preguntó Tony.

Pensé por un momento. "Bien . . . por ejemplo, pienso que a la gente joven se le debería decir que nunca está bien permitir que alguien los presione a hacer algo vinculado al sexo con lo que ellos no se sientan cómodos. No tienen por qué ser desagradables. Pero pueden hacerle saber a la otra persona cómo se sienten. Pueden decir simplemente 'No quiero hacer eso.' "

"Estoy totalmente de acuerdo," exclamó Laura. "Y quien no respete eso, es una persona con quien no debieran salir más . . ."

"Y yo también pienso que se les debería hacer entender a los chicos que el sexo no es algo que se hace sólo porque piensas que todos los otros lo están haciendo. Tú necesitas hacer lo que esté bien para ti. Además, ¿quién sabe realmente qué está sucediendo? Tal vez algunos chicos están teniendo sexo, pero apostaría a que muchos de ellos no y que están mintiendo."

"Y hablando de 'hacer lo que esté bien para ti' " agregó Joan, "antes de que los chicos ni siquiera piensen en entregar sus cuerpos y almas a otra persona, deberían formularse a sí mismos algunas preguntas serias, como, '¿Esta persona se preocupa realmente por mí?' . . . '¿Es alguien en quien puedo confiar?' . . . '¿Es alguien con quien puedo ser yo mismo?' "

"Para mí," dijo Karen, "el mensaje principal que los chicos deberían oír de sus padres es *'Baja la velocidad. No hay necesidad de apurarse.'* Pienso que es un gran error que estén teniendo sexo o enganchándose o como quiera que lo llamen hoy, cuando todavía son tan jóvenes."

"¡No podría estar más de acuerdo!" exclamó Joan. "Éstos son los años en que ellos deberían estar concentrándose en sus estudios y ocupándose en diferentes tipos de actividades—deportes, pasatiempos, clubes—y haciendo trabajo voluntario en la comunidad. No es momento para que se compliquen sus vidas con relaciones sexuales. Sé que no quieren oír esto de nosotros, pero aun así, deberíamos decirles que hay algunas cosas para las que vale la pena esperar."

"Pero siempre habrá algunos chicos que no esperarán," señaló

Michael. "Y si ése es el caso, si ellos están decididos a 'llegar hasta el final,' deberían oír algunas palabras directas de sus padres. Yo se las diría muy claramente. Les diría que necesitan tener una conversación seria con su futura pareja de modo de poder decidir juntos qué clase de anticonceptivos *cada uno de ellos* planea usar. Después *ambos* necesitan controlarlo con un médico. Mi punto es que si los adolescentes piensan que son lo suficientemente adultos como para tener sexo, entonces tienen que estar preparados a actuar como adultos. Y eso implica pensar en las consecuencias y asumir la responsabilidad."

Jim asintió con agradecimiento. "Vaya, Michael, eso realmente pone las cosas en su lugar. Y por supuesto, todo lo que dijiste va para todos los chicos—ya sean hetero u homosexuales."

Hubo un silencio repentino. A varios de ellos se los veía incómodos.

"Me alegra que hayas agregado eso, Jim," dije. "Tenemos que reconocer la posibilidad de que una persona joven podría ser homosexual y que todas las precauciones que Michael recomendó recién se aplicarían de igual modo a él o ella."

Jim parecía dubitativo. "Me imagino que la razón por la que mencioné esto," dijo, "es porque estaba pensando en mi sobrino. Recién cumplió los dieciséis, y algunas semanas atrás me confió que es gay. Me dijo que la razón por la que me lo estaba diciendo a mí era que, conociéndome, estaba seguro de que todo estaría bien para mí, pero que le preocupaba la forma en que lo tomarían sus padres. Parece que él había estado deseando contárselo por un largo tiempo pero tenía miedo. No tanto de la reacción de su madre. Pero no sabía qué haría su padre si se enteraba.

"Hablamos un largo rato sobre las posibles consecuencias, y en un momento dijo, 'Voy a hacerlo, Tío Jim. Se lo voy a decir."

"Bien, lo hizo. Se lo dijo. Me contó que ambos estaban muy contrariados al principio. Su padre quería que consultase a un terapeuta. Su madre trató de tranquilizarlo. Le explicó que no era para nada inusual que un adolescente sintiera una atracción ocasional hacia una persona del mismo sexo, pero que probablemente fuera sólo una cosa pasajera.

"Entonces él le dijo que no era una cosa pasajera, que él había tenido estos sentimientos por un largo tiempo, y que esperaba que sus padres comprendiesen. Debe de haber sido muy duro para ellos oír eso, pero poco a poco parecían ir aceptándolo. Finalmente su padre fue quien realmente lo sorprendió. Le dijo que, no importaba qué sucediera, él siempre sería su hijo y que siempre tendría su amor y apoyo.

"Les aseguro que mi sobrino fue un joven aliviado. Y yo fui un tío muy aliviado. Porque si su madre o padre le hubiesen dado la espalda en esto, no sé qué hubiera sucedido. He leído demasiadas historias acerca de chicos que caen en una profunda depresión o hasta se vuelven suicidas cuando sus padres los rechazan porque son homosexuales."

"Tu sobrino fue afortunado," le dije. "Aceptar la homosexualidad de un adolescente nunca es fácil para ningún padre. Pero si podemos aceptar a nuestros hijos como quienes realmente son, entonces les hemos dado un gran regalo: la fuerza para ser ellos mismos y el coraje para comenzar a enfrentarse con el prejuicio del mundo externo."

Otro largo silencio. "Hay algo más," dijo Joan lentamente. "Ya sea que nuestros chicos sean hetero u homosexuales, todos deben estar conscientes de que una vez que deciden agregar sexo a una relación ya nunca es lo mismo. Todo se vuelve más complicado. Todos los sentimientos se vuelven más intensos. Si algo no va bien, si hay una separación—cosa que sucede todo el tiempo con los adolescentes—puede ser devastador para ellos.

"Recuerdo lo que sucedió con mi mejor amiga en la secundaria. Estaba loca por un chico, se dejó convencer de dormir con él, y después de que él la dejara por otra, quedó destrozada. Sus notas bajaron, no pudo comer, dormir, estudiar o concentrarse en nada por un tiempo muy largo."

Jim levantó rápidamente su mano. "Bien," anunció, "después de escuchar todo esto, estoy pensando que hay buenas razones para defender la abstinencia. Enfrentémoslo, es el único método que es cien por ciento seguro. Yo sé que alguien aquí me dirá que los chicos están entrando a la pubertad antes y casándose más tarde y que es irrealista pretender que se abstengan por tantos años, pero la abstinencia no significa que no puedan estar uno cerca del otro. Pueden darse las manos, o abrazarse, o besarse, o quizás inclusive llegar a lo que solíamos llamar *primera base.* Eso estaría bien . . . quiero decir, bien para cualquiera excepto para *mi* hija."

La gente sonrió. A Laura se la veía afligida. "Para nosotros es fácil sentarnos alrededor de una mesa y decidir qué deberíamos decirles a nuestros chicos que pueden hacer o no. Pero es imposible seguirlos por todos lados las veinticuatro horas del día. Y no importa qué les digamos, ¿quién dice que nos escucharán?"

"Tienes razón, Laura," le dije. "No hay garantías. No importa qué diga un padre, algunos chicos pondrán a prueba los límites y otros irán más allá de los límites. De cualquier modo, todas las habilidades que ustedes han estado poniendo en práctica durante estos pocos meses harán que sea mucho más probable que sus chicos *puedan* escucharlos. Pero aun más importante, ellos tendrán la suficiente seguridad para escucharse a sí mismos y marcar sus propios límites."

"¡De tus labios a los oídos de Dios!" gritó Tony. Espero desesperadamente que lo que dijiste recién sea aplicable a las drogas también, porque tengo una mala sensación acerca de algunos de los chicos con los que mi hijo está empezando a salir. No tienen la mejor reputación—uno de ellos fue suspendido por consumir droga en la escuela—y no quiero que este chico influencie a mi hijo. Quiero decir, si están tratando de que empiece a consumir drogas, quiero saber qué puedo hacer para detenerlos. Como qué debería decirle."

"¿Qué te gustaría decirle?" le pregunté.

"Lo que mi padre me dijo."

"¿Qué fue eso?"

"Que me quebraría cada hueso de mi cuerpo si alguna vez me sorprendía consumiendo drogas."

"¿Eso te detuvo?"

"No. Sólo me aseguré de que nunca me sorprendiera."

Me reí. "Por lo tanto al menos ahora sabes qué no decir."

Laura intervino. "¿Qué tal si le dices, 'Escucha, si alguien trata de convencerte de entrar en las drogas, sólo di *no.*' "

Tony me miró con expresión de qué-piensas-tú.

"El problema con esa respuesta," dije, "es que por sí misma no es suficiente. Los chicos necesitan oír más que un simple 'sólo di no.' Están bajo una enorme presión hoy en día para decir sí. La combinación de todos los mensajes de la cultura pop y la fácil disponibilidad de drogas y el acoso de sus pares puede ser difícil de resistir: 'Tienes que probar esto' . . . 'Confía en mí, te gustará' . . . 'Esto es realmente grandioso' . . . '¡Se siente taaan bueno!' . . . 'Te ayudan a relajarte' . . . 'Vamos, no seas miedoso.'

"Y como si eso no fuera suficiente, los cientificos ahora están informándonos que aunque un adolescente pueda parecer físicamente maduro, su cerebro está en proceso de formación. La parte que controla los impulsos y ejercita el juicio es una de las áreas del cerebro que más tarde se desarrolla."

"Eso asusta tanto," dijo Laura.

"Sí," estuve de acuerdo, "pero la buena noticia es que todos ustedes tienen más poder del que creen. A sus hijos les interesa profundamente qué piensan ustedes. Puede ser que no siempre lo demuestren, pero sus valores y convicciones son muy importantes para ellos y pueden ser el factor decisivo en su decisión de consumir o no drogas o alcohol. Por ejemplo, Tony, tú puedes decirle a tu hijo, 'Yo realmente espero que tu amigo ya no esté en las drogas. Es un lindo chico, y odio pensar que está complicando su futuro por lo que está metiendo en su cuerpo hoy.'

"Y no son sólo nuestras palabras las que pueden mantener a nuestros hijos alejados de conductas peligrosas, es también lo que nosotros les mostramos como modelos. Es lo que nuestros chicos nos ven hacer o no hacer lo que les habla a los gritos."

"Eso es muy cierto," comentó Joan. "Mi padre una vez me castigó porque se enteró que había bebido un poquito en una fiesta. Pero yo lo veía a él todas las noches con su cóctel antes de la cena y con su cerveza durante la cena, de modo que me imaginaba que lo que estaba bien para él, estaba bien para mí."

"Al menos tu padre tenía idea de lo que estaba sucediendo contigo," dijo Laura, "y estaba tratando de ser responsable. Muchos padres de hoy están despistados. Se imaginan que porque su chico parece que está haciendo todo bien, entonces todo está realmente bien. Pero tú nunca puedes estar seguro. Leí un artículo recientemente acerca de estos adolescentes de una comunidad adinerada. Estaban en el cuadro de honor, en todos los equipos, y todos los fines de semana se divertían emborrachándose. Y los padres no tenían idea hasta que algunos de ellos terminaron en el hospital y uno de ellos casi murió."

"Esa historia es un aviso," dije. "Emborracharse como diversión está siendo frecuente en muchas comunidades actualmente. Es una gran preocupación para los padres, especialmente ahora que sabemos que la bebida entre los adolescentes es más peligrosa de lo que pensábamos. Todos los estudios recientes muestran que el cerebro adolescente está en un momento crítico de su desarrollo. El alcohol destruye células cerebrales, causa daño neurológico, pérdida de memoria, problemas de aprendizaje, y pone la salud total del joven en riesgo. También hay nueva evidencia de que cuanto más temprano los chicos empiezan a beber, más posibilidades tienen de convertirse en alcohólicos en su adultez."

"Súper," dijo Tony. "Ahora que lo sabemos, ¿cómo metemos todo esto en las cabezas de nuestros hijos lelos? Ellos piensan que nunca les pasará nada. Van a una fiesta y se desafían unos a otros a ver quién puede beber más antes de vomitar o de fallecer."

"Razón por la cual," dije, "necesitamos ser muy claros y muy específicos cuando les decimos a nuestros hijos, *'Emborracharte por diversión puede matarte. Meter un montón de alcohol en tu cuerpo aunque sea una sola vez puede conducir al envenenamiento con alcohol. Y el envenenamiento con alcohol puede conducir a un coma o a la muerte. Esa es una realidad médica.'* "

Joan llevó sus manos a la cabeza. "Esto es demasiado para mí," se quejó. "El alcohol por sí solo es suficientemente malo, pero todo lo que he estado leyendo dice que los adolescentes que beben mucho también entran en drogas. Y hay tantas cosas nuevas por ahí de las que nunca había oído antes. Ya no es sólo marihuana o crack o LSD. Ahora hay éxtasis, y . . ."

La gente rápidamente completó la lista de Joan: ". . . y *roofies*, la droga de la cita para violar."

"Y algo llamado Ketamina, o 'K Especial.' "

"¿Y qué hay de las metanfetaminas? Eso se supone que es aún más adictivo que la cocaína."

"Yo he oído de algo nuevo que los chicos inhalan para drogarse. Lo llaman *poppers* o líquido dorado."

"Vaya," dijo Tony, sacudiendo su cabeza, "hay realmente mucho por saber, ¿no?"

"Puede parecer abrumador," dije, "pero la información está ahí, al alcance—en libros, en revistas, y en Internet. Ustedes pueden llamar a una línea de abuso de drogas y pedir sus folletos actualizados. Pueden hablar con otros padres en su comunidad y enterarse de lo que ellos saben. Y ya que están en eso, le pueden preguntar a sus hijos qué saben ellos sobre lo que están consumiendo en este momento los chicos de la escuela."

"Bien," dijo Tony, parece que hay mucho por hacer."

"Todos los padres de adolescentes," dije, "tienen trabajo para hacer. Todos nosotros necesitamos demostrarles claramente a nuestros hijos que sus madres y padres están informados, comprometidos, listos para hacer cualquier cosa que se necesite para protegerlos.

"Y, de nuevo, una sola plática no será efectiva. Los chicos necesitan oír lo que ustedes piensan sobre drogas de diferentes modos y en diferentes momentos. Necesitan sentirse lo suficientemente cómodos como para formular preguntas, responder a las suyas, y para explorar sus propios pensamientos y sentimientos.

"De modo que, ¡aquí vamos a nuestro desafio final! ¿Cómo podemos aprovechar una pequeña oportunidad que podría presentarse en el curso del día para involucrar a nuestros hijos en un diálogo sobre drogas? ¿Qué clase de conversaciones podemos imaginarnos que tenemos con nuestros adolescentes?"

Después de muchas idas y vueltas, el grupo imaginó las siguientes situaciones.

Aprovecha las Pequeñas Oportunidades Para Hablar Sobre las Drogas.

Leyendo el Diario

Mirando un Corte Comercial

Comentando sobre Algo que Viste

Mirando una Revista

Dando el Ejemplo

Comentando un Programa de Radio

Mientras que estábamos discutiendo nuestro último ejemplo, la mano de Laura se levantó repentinamente. "Hasta aquí sólo hemos estado hablando sobre cómo dirigir a nuestros chicos lejos del uso de drogas. Pero, ¿qué sucede si el chico ya está consumiendo algo? Quiero decir, ¿qué pasa si ya es demasiado tarde?"

"Nunca es demasiado tarde para ejercer nuestro poder como padres," dije. "Incluso cuando sea un 'experimento' y una sola vez, no puede ser ignorado. Necesitan enfrentarse con su adolescente, analizar los riesgos, y reafirmar sus valores y expectativas.

"Si, de cualquier modo, ustedes sospechan que su adolescente está ya consumiendo drogas con alguna frecuencia, si notan cambios en su conducta, calificaciones, apariencia, actitud, amigos, patrones de sueño o de alimentación, entonces es momento de ponerse en acción: háganle saber a su hijo qué han observado. Escuchen su versión de la historia. Entérense de todo lo que puedan sobre lo que realmente está sucediendo. Llamen a un programa sobre abuso de drogas local o nacional para obtener información adicional. Consulten con vuestro médico. Investiguen sobre todos los servicios disponibles en su comunidad que puedan ofrecer consejo y tratamiento profesionales. Es decir, busquen ayuda. No pueden enfrentar esto solos."

"Espero no tener que hacerlo nunca," suspiró Laura. "Tal vez seré afortunada y mis hijos serán grandiosos."

"Tú tienes más de lo que depender que sólo de tu suerte, Laura," dije. "Tienes habilidades. Y aun más importante, tienes la actitud que le da alma a tus habilidades. Todos ustedes. En todos estos meses han hecho muchos cambios con respecto a la forma en que se comunican con sus hijos. Y todos estos cambios, tanto los grandes como los pequeños, pueden hacer una profunda diferencia en la relación con ellos.

"Siendo comprensivos de los sentimientos de sus adolescentes, resolviendo los problemas juntos, alentándolos a alcanzar sus objetivos y a realizar sus sueños, ustedes les hacen saber a sus hijos, todos los días, cuánto los respetan y los aman y los valoran. Y la gente joven que se siente valorada por sus padres tiene más posibilidades de valorarse a sí misma, más posibilidades de hacer elecciones responsables, menos posibilidades de involucrarse en conductas que jugarán en contra de sus propios mejores intereses o pondrán en riesgo su futuro."

Silencio. Había sido una sesión muy larga, y sin embargo todos parecían dispuestos a quedarse.

"Voy a extrañar estas clases," suspiró Laura. "No sólo por las habilidades sino por todo el apoyo que he recibido de todos aquí."

Sus ojos se humedecieron. "Y voy a extrañar oír sobre los hijos de todos."

Karen la abrazó. Michael también.

"Lo que yo extrañaré más," dijo Joan, "es saber que hay gente con la que puedo hablar si aparece algún problema."

"Y como todos bien sabemos," comentó Jim con pena, "con adolescentes habrá siempre nuevos problemas. Es por eso que ha sido tan genial tener un lugar al que acudir donde puedes recibir respuesta de gente que está en el mismo barco."

"Oigan," dijo Tony, "¿quién dice que tenemos que renunciar? ¿Qué tal si nos seguimos reuniendo, tal vez no todas las semanas, pero quizás todos los meses o cada dos meses?"

La sugerencia de Tony encontró una respuesta inmediata y entusiasta.

Todos me miraron expectantes.

Pensé por un momento. Lo que estos padres deseaban para sí mismos era lo que yo deseaba para todos los padres de adolescentes: un sistema de apoyo continuo. El alivio de ya no sentirse aislados. El consuelo de poder descargarte con gente que sabes que te comprenderá. La esperanza que brota cuando se intercambian ideas y se ven nuevas posibilidades. El placer de compartir pequeños triunfos con otros.

"Si eso es lo que todos ustedes quieren," le dije al grupo, "manténgame al tanto. Allí estaré."

Sexo y Drogas

En lugar de Una Gran Plática ("Sé que tu piensas que sabes todo sobre sexo y drogas, pero yo pienso que es momento de que tengamos una conversación.")

BUSCAR PEQUEÑAS OPORTUNIDADES PARA COMENZAR UNA CONVERSACIÓN.

Escuchando la radio: "¿Piensas que lo que acaba de decir esa psicóloga es correcto? ¿A los chicos se les hace difícil rechazar las drogas porque no quieren parecer débiles o perder amigos?"

Mirando televisión: "De modo que, de acuerdo con este comercial, todo lo que una chica tiene que hacer para que un chico se interese en ella es ponerse el color correcto de lápiz labial."

Leyendo una revista: "¿Qué piensas de esto? Dice aquí: 'Algunos chicos consumen drogas sólo para sentirse bien. Pero después tienen que consumir drogas—para sentirse normal.' "

Mirando una película: "Esa última escena, ¿es realista? Dos adolescentes que recién se conocen, ¿se meterían juntos en la cama?"

Leyendo el diario: "Cuando tengas tiempo, dale una mirada a este artículo sobre adolescentes y la borrachera como diversión. Me interesa saber qué opinas."

Escuchando música: "¿Cómo te sientes con la letra de esa canción? ¿Piensas que podría afectar la forma en que los chicos tratan a las chicas?"

La Próxima Vez . . .

En los días que siguieron descubrí que mis pensamientos volvían una y otra vez al grupo.

Habíamos compartido un largo viaje. Diferentes personas habían comenzado con diferentes esperanzas, diferentes temores, y diferentes destinos en mente. Y aun así, sin importar cuáles hubieran sido las razones originales para venir a las reuniones del taller, todos ellos tenían la satisfacción de ver que no sólo las nuevas habilidades habían mejorado las relaciones con sus adolescentes, sino que sus adolescentes se estaban comportando con más responsabilidad. ¡Logros por los cuales todos nos podíamos sentir bien!

Y sin embargo, estaba contenta de poder volver a encontrarlos. Me daría la posibilidad de compartir con los padres lo que había estado creciendo dentro mío con mayor claridad—la perspectiva más abarcadora de aquello sobre lo cual habíamos trabajado juntos.

La próxima vez les diré que si es realmente verdad que "los hijos aprenden lo que viven," entonces lo que sus hijos habían estado viviendo y aprendiendo esos meses eran los principios básicos de la comunicación amorosa. Cada día, en el tire y afloje de la vida familiar, sus adolescentes estaban aprendiendo que:

- **Los sentimientos importan.** No sólo los propios, sino también los de las personas con quienes no estamos de acuerdo.
- **La cortesía importa.** El enojo puede ser expresado sin insultos.
- **Las palabras importan.** Lo que eliges decir puede causar resentimiento o generar buena voluntad.
- **El castigo no tiene ningún lugar en una relación amorosa.** Todos somos personas en proceso, capaces de cometer errores y capaces de afrontar nuestros errores y corregirlos.
- **Nuestras diferencias no tienen porqué frustrarnos.** Los problemas que parecen irresolubles pueden ser vencidos por la escucha respetuosa, la creatividad y la perseverancia.
- **Todos necesitamos sentirnos valorados.** No sólo por quiénes somos ahora, sino también por quiénes podemos llegar a ser.

La próxima vez que nos encontremos, les diré a los padres que cada día nos ofrece nuevas oportunidades. Cada día les da la posibilidad de mostrar la actitud y el lenguaje que les pueden servir a sus adolescentes en el presente y en todos los años que tienen por delante.

Nuestros hijos son nuestro regalo al mañana. Lo que ellos experimenten en sus hogares hoy capacitará para traer al mundo que hereden, las formas que confirmen la dignidad y la humanidad de toda la gente.

Eso es lo que les diré a los padres—la próxima vez.

Lecturas Adicionales que Pueden ser Útiles

Elkind, David, PhD. *Parenting Your Teenager in the 1990s: Practical Information and Advice About Adolescent Development and Contemporary Issues.* Cambridge, MA: Modern Learning Press, 1993. El Doctor Elkind escribe sobre muchos de los problemas que los padres de adolescentes continúan enfrentando una década más tarde, ofrece conocimiento y consejo de tal forma que resulta un gran apoyo y es agradable de leer.

Faber, Adele, and Elaine Mazlish. *How to Talk so Kids Will Listen and Listen so Kids Will Talk,* revised edition. New York: HarperCollins, 2004. Recomendado por dos razones:

1. El capítulo sobre autonomía—cómo ayudar a un niño a convertirse en un individuo separado, independiente, que un día puede funcionar por sí solo—es especialmente pertinente durante los años de adolescencia.

2. El capítulo sobre cómo liberar a un niño para que no quede atrapado en un rol (por ejemplo, perezoso, quejoso, princesa, desorganizado) se aplica a los adolescentes también. Nunca es demasiado tarde para ayudar a un joven a verse a sí mismo de forma diferente y a darse cuenta de su potencial.

———. *How to Talk so Kids Can Learn: At Home and in School.* New York: Rawson Associates, 1995. Describe el tipo de comunicación que motiva a los estudiantes a pensar, aprender, perseverar, y creer en sí mismos.

Giannetti, Charlene, and Margaret Sagarese. *The Roller-Coaster Years: Raising Your Child Through the Maddening Yet Magical Middle School Years.* New York: Broadway Books, 1997. Un libro vivaz, práctico, que trata sobre una gran amplitud de problemas que afectan a la mayoría de los estudiantes de la escuela media y a sus padres.

Hersch, Patricia. *A Tribe Apart: A Journey into the Heart of American Adolescence.* New York: Ballantine Books, 1998. Una talentosa periodista te lleva a lo más profundo del mundo de ocho muy diferentes *adolescentes* y revela las pasiones y presiones que modelan su personalidad y carácter durante los años de la adolescencia.

Lopez, Ralph, MD. *The Teen Health Book: A Parents' Guide to Adolescent Health and Well-being.* New York: W.W. Norton & Co., 2002. Un excelente recurso. Escrito en un estilo claro y amistoso, trata tanto sobre los aspectos físicos como emocionales de los adolescentes.

McGraw, Jay. *Closing the Gap: A Strategy for Bringing Parents and Teens Together.* New York: Fireside/Simon & Schuster, 2001. Consejos tanto para padres como para adolescentes desde la perspectiva personal de un joven estudiante universitario.

Pipher, Mary, PhD. *Reviving Ophelia: Saving the Lives of Adolescent Girls.* Ballantine Books, 1995. Una mirada al daño producido a nuestras hijas por la cultura actual, junto con estrategias sensatas sobre cómo ayudarlas.

Pollack, William, PhD. *Real Boys: Rescuing Our Sons from the Myths of Boyhood.* Owl Books, New York: Henry Holt and Company, 1999. Un compañero de *Reviving Ophelia, Real Boys* deja muy en claro cómo nuestros estereotipos de género perjudican a nuestros hijos y ofrece abundantes alternativas amorosas.

Richardson, Justin, MD, and Schuster, Mark A., MD, PhD. *Everything You Never Wanted Your Kids to Know About Sex (But Were Afraid They'd Ask): The Secrets to Surviving Your Child's Sexual Development from Birth to the Teens.* New York: Three Rivers Press, 2003. El título lo dice todo. Consejos sólidos, sensatos, para manejarse con un tema arduo.

Sheras, Peter, PhD, with Sherill Tippins. *Your Child: Bully or Victim? Understanding and Ending Schoolyard Tyranny.* New York: Fireside/Simon & Schuster, 2002. Una reflexiva exploración de las causas y efectos del matonismo y sugerencias sobre cómo enfrentarlo.

Taffel, Dr. Ron, with Melinda Blau. *The Second Family: Reckoning with Adolescent Power.* New York: St. Martin's Press, 2001. El Doctor Taffel tiene una mirada resuelta a cómo los pares y la cultura pop actual pueden empujar a los padres a los márgenes de las vidas de sus adolescentes. Recomienda una variedad de formas para renovar y fortalecer la conexión entre ambas generaciones.

Walsh, David, PhD. *Why Do They Act That Way?: A Survival Guide to the Adolescent Brain for You and Your Teen.* New York: 2004. Free Press. El Doctor Walsh recurre tanto a la más reciente investigación sobre el cerebro del adolescente como a su extensa experiencia con adolescentes con problemas para darles a los padres percepciones valiosas, información y pautas.

Para Aprender Más . . .

Si está interesado/a en tener la posibilidad de discutir y practicar las habilidades de comunicación que aparecen en este libro con otros, por favor visite www.fabermazlish.com. Allí encontrará información acerca de:

- Talleres grupales para padres y profesionales
- Talleres individuales
- Libros para padres y profesionales
- Libros para chicos
- Cintas de audio y de video
- Soluciones creativas para los problemas de la paternidad
- El boletín informativo de Adele y Elaine, el Foro Faber/Mazlish
- ¡Y mucho más!

O puede solicitar un folleto enviando un sobre con dirección propia y estampilla a:

Faber/Mazlish Workshops, LLC
PO box 64
Albertson, NY 10507

Índice